30日で
効果ばつぐん！

「勉強ができるぼく」のつくりかた

清水章弘 著
Akihiro Shimizu
柴田ケイコ 絵

PHP研究所

プロローグ

「はい、部活停止ね。約束だもんね」
　母さんの一言が僕の目の前を暗くした。

　僕は、2週間前の会話を思い出した。
「シゲル、まったく勉強しないのね。テスト勉強は大丈夫なの？」
「うん、全然大丈夫だよ」
「1つでも赤点取ったら部活停止よ。あと、お母さんの手伝いなんでもすること。いいわね」
「えー？　んー、うーん、はーい」
　入学祝いに買ってもらったスマートフォンでゲームに夢中になっていて、なにも考えずに答えてしまった。それがまさか現実になるとは……。

　　　　　　　＊　　　　＊　　　　＊

　僕の名前は、佐藤茂(しげる)。中学1年生だ。
　趣味はサッカーとゲーム。まぁ、どちらもあんまりうまくはないんだけれど。
　入学してすぐの中間テストで赤点を取ってしまって、たったいま、入ったばかりのサッカー部を休部させられたところ。しかも、「ゲームばっかりやってるからよ！」と、スマホまで取り上げられてしまった。ひどい……。あぁ、史上最悪の日曜日だ。
　机の上には、テストの答案が散乱している。数学は38点、理科が39点、国語は51点で社会は54点、一番しょぼいのが英語で32点……。要するに40点未満の「赤点」を3つも取ってしまった……。
　次のテストでなんとしても赤点を挽回(ばんかい)しないと、サッカーもできないし、スマホも返してもらえない。母親の命令も聞かなきゃなんない。そんな「三拍子(さんびょうし)」、地獄でしかない。どうしよう……。

プロローグ

　ふとカレンダーに目をやると、今日は6月2日。期末テストっていつからだろう……。カレンダーを1枚めくると、母さんの字で赤いマジック使って書き込んである。
「期末テスト！」
　7月3日に丸がついている。げっ、あと1か月しかないのか……。どうすりゃいいんだよ。
　最近はイライラしてくると、勝手に指が動く。ドラゴンが出てくるパズルゲームにハマっていたせいで、人差し指を平面上でクルクル滑らせるのがクセになっている。禁断症状だ。あぁ、ゲームやりたい……。
「シゲル、牛乳買ってきて」
「やだよ」
「え？　約束でしょ？」
「……チッ」
「いまあんた、舌打ちした？　ねぇ、いまあんた……」
　バタン！
　舌打ちが聞こえたのは想定外だったけれど、「ふざけんな」という気持ちを伝えるために、僕は勢いよく玄関のドアを閉めた。
　なんでもお手伝い？　あほくさ！　子どもじゃあるまいし！
　今度は堂々と舌打ちをしてマンションの廊下を歩きだすと、見知らぬ小学生とすれ違った。そういえば先週、引っ越し屋さんが荷物運んでいたっけ。
　すれ違ってすぐに、僕の背中に甲高い声が飛んできた。
「あ、シゲル？　お前が、シゲル？」
　ビクッとした。僕は突然の出来事に弱い。
「そ、そう、だけど……」
　目線が合わない。ずいぶんとちっちゃいな。身長は130センチくらい？　ってことは何年生だ？　黒ぶちメガネの下には、まんまるい目。真顔なのに、ビックリしたような顔をしてる。子どもなんだけれど、ど

こかサラリーマンっぽい。このままスーツ着せたら似合いそうだな。マンガの世界から出てきたようなやつだ……。
「俺の名前は、学。先週引っ越してきた小学４年生。呼び方は"マナブさん"でいいよ」
「え？　よ、よろしく、マナブさん……」
　あれ、年下なのに、「さん」づけ？　なんかペース支配されてるぞ。
「そうそう、シゲル、お前めっちゃアタマ悪いらしいな！」
「はぁ？」
「うちのママが、シゲルのママから聞いたんだって」
　ちっ、余計なこと言いやがって……。でも、「ママ」って……。サラリーマン小学生のくせに……。笑える。可愛いところ、あるじゃないか。
「シゲル、馬鹿すぎて、部活クビになったんだって？　プハハッ！」
「はぁ!?」
　一瞬でアタマに血が上った。いま、このガキは、なんて言った!? 「可愛い」なんて取り消しだ！
「クビ？　なってねぇよ！　っていうか入ったばっかだしさ……」
「シゲル」
「ちょっと休むってだけだよ！　しかもそれは母さんが勝手に……」
「シゲル」
「母さんが勝手に決めたことだし、顧問にも相談しないといけないし、……」
「シゲル!!!」
「なんだよ！」
「お前、このままだと、一生、部活できないよ」
「はぁ!?」
　なんなんだ、この小学生は……!!!　人の傷口をえぐるような発言ばかりしやがって。

「俺が家庭教師、してやるよ。プハハッ！」

「いらねーよ！」

「いらない？ 赤点３つも取ったくせに？ プハハッ！」

「なんでそんなことまで知ってんだよ！ いいよ、全部自分でやるから！ ってかその笑い方、やめろよ！」

「そっか。じゃあ教えなくてもいいのね。頭にこびりついて忘れない記憶法とか、１日で単語を100個覚える方法とか」

　えっ、ナニソレ気になる。超絶、気になる。教えてよ。でも誰だよこいつ。なんでそんなこと知ってるんだよ。

「シゲル、復習は『その日、次の日、日曜日』のタイミングでやらなきゃダメなんだよ」

「……へ？」

「まぁ、『復習サンドイッチ』を食べちゃえばいいんだけどね、プハハッ！」

「………!?」

　なんだ、なんなんだこいつは！ パンだかサンドイッチだか知らないが、ドラえもんの「アンキパン」じゃあるまいし。

「ほら、気になってきただろう？ 教えて欲しいんだろう？ 自分でも驚くほど成績が上がる勉強法を……」

「きょ、興味ねーよ！」

「ふーん……。知らなくてもいいのね……。家でただ生活しているだけで暗記できる方法とか……」

「うるせー!!」

　僕は背を向けて、もうその場を立ち去ろうとした。すると、ケラケラ笑っていたマナブさん（悔しいけどそう覚えてしまった）が、急にまじめな声を出した。

「おい、逃げるのかよ」

　ビクッとして固まる僕。振り返ると、マナブさんは僕をにらみつけて

いた。
「このまま、逃げるのかよ」
「……!?」
「シゲル、成績を上げたいんだろう？ いまの自分を変えたいんだろう？ だったらまず『自分を変える』って決心しろよ」
「……」
「始まりは、すべての半分」
「は？ なんだよ、それ」
「ギリシャの古いことわざだよ。中学生のくせに、そんなことも知らないのか。机とかを押すとき、最初が一番重いだろう？ でも、すべり始めたら楽に動かせる。つまり、なにかを成し遂げたいとき、始めがうまくいけば、半分くらいは成功したといえるってこと。そして、今日から始めろよ。そうしたら、もう半分終わっているんだ」
「は、半分……」
　この瞬間から、マナブさんがなんだかスゴい人のように思えてきた。
「お前、今日から変われ。このままだと、このままだぞ」
　キョトンとする僕に、マナブさんは決めゼリフのように言い放った。
「お前は、変われる……」
「は、はい……」
　うっかり返事をすると、マナブさんは嬉しそうに笑った。
「プハハッ！」
　……なんなんだ、この「オッサン子ども」は!!!

「勉強ができるぼく」のつくりかた　もくじ

プロローグ 2

授業の時間を「濃い時間」にしろ
「シゲル、授業は受け身でいたらダメなんだ」

1日目	勉強のできるヤツは、朝時間の使い方を知っている	14
2日目	授業はやらされるな。自分から受けに行け	18
3日目	頭のいいヤツは、授業の時間をムダにしない	22
4日目	復習はサンドイッチにする	26
5日目	ノートは復習のためにある	30
6日目	1週間ごとにその週の復習をする	34
7日目	日曜日も朝寝坊しない	38
コラム	プリントをクリアファイルで管理する	42

mission 2　小テストで点数を取れる男になれ
「いい点取って、"イイ気分"を味わってみなよ」

8日目	勉強をゲームだと考えてみる	46
9日目	小テストの攻略法をマスターする	50
10日目	無理やりにでも使ってみる	54
11日目	「イベント」で覚えれば、頭にこびりついて忘れなくなる	58
12日目	あらかじめ「三日坊主」を予定しておく	62
13日目	努力を「見える化」する	66
14日目	朝を得意にする	70
コラム	清水流　読書を10倍楽しむ方法①	74

mission 3　自分なりの勉強のやり方を構築せよ
「勉強がわからないんじゃない。勉強のやり方がわからないだけだ」

| 15日目 | 「消える化」ノート術と、「テスト化」ノート術を活用する | 78 |

16日目	「その日、次の日、日曜日」の タイミングで復習をする	82
17日目	「手持ちの時間」を計算する	86
18日目	自分がやるべきことを調査する	90
19日目	「返し縫い記憶法」で暗記ものを サクサク覚える	94
20日目	文の暗記は「部分ごとにリピート」せよ！	98
21日目	やる気が出ないときは、自分を「だます」	102
コラム	清水流　読書を10倍楽しむ方法②	106

mission 4　定期テストで結果を出せるようになれ

「お前、自分を変えたいんだろう？
変われるよ、絶対」

22日目	生活しているだけで暗記できる 「勉強テーマパーク」を作る	110
23日目	「ケアレスミス」と言わない	114
24日目	ラブレターに応えるように、テストを解く	118
25日目	心に優しい計画を立てる	122

26日目	出題者との「対話」を繰り返す	126
27日目	勉強のストレスは勉強で解消する	130
28日目	場所を変えてみる	134
コラム	ノートは誰のもの？	138

mission 5　勉強から逃げるな。勉強を楽しめ！

「最後まであきらめるな。自分を信じろよ」

29日目	「知的な場所」に行ってみる	142
30日目	困ったときの「努力」頼み	146
試験当日	最後の1秒まで手を止めない。自分を信じる	150

あとがき ……………… 156

授業の時間を「濃い時間」にしろ

「シゲル、授業は受け身でいたらダメなんだ」

1日目 月曜日
勉強のできるヤツは、朝時間の使い方を知っている

「シゲル、まずは明日、30分早く学校へ行ってみろ」
「へ？」
「いいから行ってみろって。そのために今日は早く寝ろ。俺の家庭教師はそれからだぜ」
　……と、昨日変なオッサン小学生に言われたものの、めんどくせーなー、起きたくないよ……、と布団の中でぐずぐずしていると、「ピンポーン」と軽快な音が鳴った。まさか、違うよな。
「シーーゲルくん、学校行ーこーうっ！」
　廊下からあいつの声がする。なんだあの小学生！　恥ずかしすぎる。
「シーーゲルくん、学校行ーこーうっ！」
　やめろ、やめろー！　僕はベッドから転がるように飛び出し、玄関に走っていった。すれ違ったパジャマ姿の母さんが笑っている。勘弁してくれ。

　いつもは遅刻ギリギリだったけど、30分早く家を出ると、学校までの雰囲気が違っていた。すれ違う人も、一緒の方向に歩く中学生も。遅刻ギリギリで焦っている人なんて、当然ながら一人もいない。しかも、みんななんとなくキリッとした顔をしている。
　7時半ごろ、教室に入って、僕は目の前の光景に目を疑った。すでに3人、勉強しているヤツがいたのだ。そのうちの一人は、幼稚園のころからの友人・ナオキだった。
「お、おはよう……」
「おお、シゲル！　今日は早いんだね！　おはよう！」

mission 1　授業の時間を「濃い時間」にしろ

「ナオキ、毎日何時に来ているの？」

「うーん、7時には来ているかな。でも僕は一番じゃないよ。彼の方が早い」

　そう言って、ナオキはジュンを指さした。まじかよ……。別におしゃべりしているわけじゃないけれど、3人は、固いきずなで結ばれているような気がした。背中が、かっこいい。

　僕は、やることもないので、みんなと同じように教科書を開いてみた。すると、**なんだかいつもより集中できる。なんだろう、この感じ。**8時近くになると、一気に人が増えてきた。さっきまでとは大違い。まるで別の場所みたいだ。8時を過ぎると、バタバタと走り込んでくる。「セーフ‼」なんて言って、息をきらしてガッツポーズをしている。これが、いつもの僕なのだろうか……。ちょっぴり自分が恥ずかしくなってきた。

　家に戻ると、なぜか昨日の小学生が、うちのリビングでちゃっかりおやつを食べながらくつろいでいた。彼は僕の顔を見ると、くいっとメガネを上げて言った。

「最初の一歩を踏み出したな、シゲル。さあ、始めようか」

「清水です」

　みなさんこんにちは。清水章弘です。謎の小学生・マナブくんに代わって解説をさせていただきます。

　かつて、テニスプレーヤーの知人が、こんなことを言っていました。

「へたな選手は、飛んできたボールをギリギリで打ちたがるが、うまい選手は余裕を持ってボールのところまで走り、落ち着いて打ち返す」

　これは、スポーツだけでなく、勉強でも仕事でも同じなのではないかと思います。この**「余裕を持った動き」が違いを生み出す**のです。

　朝、早く学校や会社に到着すると、いいことが3つあります。

①小さな「優越感」を味わうことができる

「滑り込みセーフ！」で走り込む側から、おだやかな心で過ごす側に移ると、ちょっとした優越感を味わえます。ひょっとしたら昔の自分が恥ずかしく思えてくるかもしれません。「もう、自分は昔の自分ではない」と少し自分に自信が持てるようになることでしょう。

②気持ちを落ち着けることができる

始業時間のギリギリに到着して、バタバタとしていては、気持ちが浮いたままになっています。それでは、授業や仕事に集中できるはずがありません。5分でも10分でも早く来ることによって、高いパフォーマンスを発揮できるようになります。

③朝という「勉強のゴールデンタイム」を活用することができる

感覚的なものですが、朝の時間の流れは、午後の時間の流れよりもゆっくりしています。そして、朝は思考が夜よりもクリアです。「夜書いた手紙は、朝見直してからポストに投函するのがよい」といわれるように、夜は感情的な行為に適していて、朝は論理的な行為に適しています。朝は頭が冴えているのです。ゆっくりとした時間の流れの中で、クリアな頭で勉強をしてみてください。

時間は「追いかけられる」ものではなく「追いかける」もの。時間の奴隷になるのではなく、管理人になるんだ、という意識を持って、時間とのつき合い方を変えてみてはいかがでしょうか。

　今日の朝の光景は、頭をガツンとやられた気がした。できる人は、なんだか別のルールに従って生きているのかもしれない。
「シゲル、お前いままで授業を『受けて』いただろ」
「は？　そんなの当たり前だろ」
「それじゃダメなんだよ。まずは授業時間の使い方を根本的に変えるんだ」

「ど、どういうこと？」
　サラリーマン小学生の目の奥がキラッと光った気がした。

> **まとめ** 時間に追いかけられない。
> 　　　　時間を追いかける。

①小さな優越感が味わえる

②ゆとりを持って授業を聞ける
③冴えた頭で予習ができる

余裕ある行動が、頭の働きをよりよくしてくれるぞ！

2日目 火曜日
授業はやらされるな。自分から受けに行け

　今日の朝は、「あの小学生が来る前に……！」と焦って、いつもより早く起きることができた。いつもは目覚ましが鳴ってもベッドの中でぐずぐずしていたのに、自分から起きるようになったのは不思議だ。

　そして夕方、あのサラリーマン風の小学生は、またわが家へやってきた。昨日より上機嫌で、さらに言えば、胸を張って偉そうだ。130センチの身長も、140センチくらいに見える。

「こんにちはー」
「あら、マナブくん、こんにちは」

　母さんに「となりの小学生が家庭教師をしてくれるらしいよ……」と冗談めかして話したら、なぜかやたらと喜んでいた。「小学生に勉強を教えてもらう僕の気持ち、わかる？」って言おうと思ったけれど、彼の言うとおりに朝早く学校へ行って、自分のダメさを思い知らされたためか、彼の訪問を自然と受け入れてしまっていた。

　それに、わずかな時間だったけれど、教科書を自分で開いて眺めたら、気分がよくて、授業内容もすんなり頭に入った気がしたんだ。学校に早く来て勉強しているナオキたちをかっこいいと思ったせいもある。

　そういえば、サッカー部のキャプテンが言っていたな。「俺はマラソンが大嫌いだったけど、自主練で走るのは気持ちいいんだ」

　勉強も自分からやるだけで少しずつ楽しくなっていくのかな……。

　マナブさんにこのことを伝えると、僕に背を向けながら、こう言った。

「大人になるまでに気づいてよかったな。勉強は一生ついてまわる。勉強の楽しさにどれだけ早く気づくかで、人生の豊かさが決まるんだよ」

すると、マナブさんはゴソゴソとビニール袋からなにかを取り出して、顔につけ始めた。くるっと振り返ると、ふさふさのついた帽子とつけひげ（それも先っちょがクルクルしているやつ）をつけていた。
「おい、いまから俺が授業をしてやる。プロフェッサー・マナブと呼べ」
「プ、プロフェッサー？」
「そう、プロフェッサー。教授だよ、教授」
　満足気（まんぞくげ）にうなずくと、マナブさんは僕に向かって授業を始めた。

　みなさんは、授業を聞いているとき、頭をどれくらい使っている感覚があるでしょうか。
「一生懸命、聞いているから結構使っているはずだよ」という人もいるでしょう。しかし、実は、**授業を聞いているとき、人はほとんど頭を使っていない**のです。
「ただ座って先生の講義を聞いているときの脳の活動は、眠っているときと同じである」——これは、ハーバード大学で物理学を教えるエリック・マズール教授が講演で紹介した話だそうです。
　大切なことは、「受け身で授業を受けているとき、自分は頭を使っていない」ということを知り、「どうしたら主体的に授業に参加できるか」を考えることです。そうすれば、サッカー部のキャプテンが言っていたように、授業を受けるのが少しずつ気持ちよくなってきます。
　では、どうしたら主体的に授業に参加できるようになるのでしょうか。ポイントは2つあります。

1．「先生が伝えたいこと」を意識しながら聞く
2．自分に「ミッション」を与える

　1つ目から説明しましょう。もし、クラスの生徒全員が受け身だったとしても、教室には一人だけ、主体的に授業に参加している人がいま

す。それは、授業をしている先生本人です。先生は、授業中、さまざまなことを意識していますが、その１つに「カリキュラム」があります。つまり、計画どおり授業が進むかどうか、です。先生は授業をする前に「指導案」という計画を作ります。その「指導案」は授業の設計図のようなもので、そこには「今日の授業の目標」が書かれています。

その目標を考えながら聞く、要するに、**「先生が伝えたいこと」を考えながら聞く**のです。そこが授業のポイントになりますし、もちろん、テストに出るのも、そこです。

たとえば英語の授業で、「今日はbe動詞の疑問文を扱います。普通の文を疑問文で書き換えられるようになりましょう」と言われたら、「よし、普通の文を疑問文で書き換えられるようになろう」と意識しながら授業を聞きます。目的意識を持って授業を聞くと、頭に入りやすくなるのです。

ただ、「先生が伝えたいこと」を意識したからといって、ずっと集中できるわけではありません。そこで２つ目。**なにか自分にミッションを与える**のです。ミッションとは、「これをやらなければならない」という課題のことです。

おすすめのミッションは「誰かがメモをしたら、自分もメモをする」というもの。誰かがメモをしたら、自分も頭に入れてやる！　とメモするのです。自分にミッションを課していると、緊張感を持って授業を受けられますし、メモも取れて、あとで授業が思い出しやすくなります。

人から与えられた課題は、「いやだな、面倒くさいな」と思ってしまいますが、自分から与えられた課題は、そこまで苦ではありません。ぜひとも取り入れてみてください。

―――――――――――

「主体性、か……」

僕はつぶやいた。マナブさんの顔を見ると、「決めゼリフを言ってやるぜ」と思っていることが、口元のゆがみから感じ取れた。つけひげが

ヒクヒク揺れている。さては、なにか言いたくてたまらないんだな。
「シゲル……」
来るか、来るか……。
「トイレ借りていい？」

> **まとめ** 授業中は、誰かがメモをしたら、自分もメモをする。

2日目　授業を「受け身」にしない方法

①「先生が伝えたいこと」を意識しながら聞く

②自分に「ミッション」を与える

「受け身」でいると、頭は働かないぞ！
いかに主体的に話を聞けるか、工夫してみて！

水曜日 3日目 頭のいいヤツは、授業の時間をムダにしない

　僕にはナオキという友達がいる。幼稚園から一緒のヤツで、野球部に入っている。「4番バッター」でエース。それでいて、どういうわけか成績もトップクラスときてる。野球部の練習で忙しいはずなのに、いつ勉強しているんだ……？

　授業中、ふとナオキに目をやると、ナオキは板書(ばんしょ)のタイミングがみんなとは違うことがわかった。

　普通、先生が黒板に書いたら、みんなもそれに合わせて書き始める。首を上げ、首を下げ、後ろから見たら首の体操をしているようだ。でも、ナオキは違う。じーっと黒板を眺め、しばらくしたらダァーッと書く。あれはなにをしてるんだろう。

「あぁ、それは普通のことだよ。ナオキにしてみればね」

　マナブさんに聞いてみたら、そう返ってきた。まるでナオキのことを昔から知っているかのような言い方だ。

「シゲル、こういうセリフ、聞いたことない？『運動ができて頭もいい人は、頭のつくりが違うんだ』って。あれはね、嘘(うそ)だよ。もちろん頭のつくりが違う人もいるんだろうけれど、それはほんの一握(ひとにぎ)りだ。あいつらにはね、共通していることがあるんだ」

「共通していること？」

「ヤツらはな、時間の使い方がうまいんだ」

「時間の使い方？」

「そう。どうすればいまを『濃い時間』にできるか、をいつも考えているんだよ」

　どうせ授業を受けるなら、授業の時間をムダにせず、「濃い時間」にしてしまえば、効率よく勉強が進みます。ではどうやって「濃い時間」にするのでしょうか。それには3つ方法があります。

　1つ目は「うなずきながら聞く」です。

　授業を「うんうん」とうなずきながら聞いてみましょう。人間の頭は、興味を持つと、働き始めます。たとえば、自分の好きなタレントや歌手、漫画についての話が出てくると、一気に耳に入りやすくなりますよね。授業も一緒で、**興味が集中を引き出すのです。**

　そういうと、「でも授業がおもしろくないんですもん」という声が聞こえてきそうです。そういうときは、嘘でもよいので、「おもしろいなぁ」「そういうことだったのか！　なるほどねぇ」とうなずきながら聞いてみましょう。不思議と、脳みそがだまされて、関心を持って授業を聞けるようになってくるのです。

　そして、これには思わぬ「イイコト」があります。それは、先生に喜ばれることです。先生は、一人で話しているので、実はさみしく思っています。「この話はみんなに伝わっているのかな」と気になって仕方がありません。そこで「うんうん」とうなずいてくれる生徒がいると、安心するのです。そして、そういう生徒のリアクションを見ながら授業を進めてくれるようになるのです。うなずくみなさんを「主役」のように扱ってくれるかもしれませんよ。

　2つ目は「3回読んで覚えてから書く」です。

　授業中みなさんは、黒板を見て、それをノートに「写す」という作業を繰り返しています。この「写す」という作業、おわかりだと思いますが、まったく頭を使いません。頭を働かせて授業を「濃い時間」にするために、「**先生が書いた黒板の字（大切な用語など）を3回読んでからノートに書く**」ということを実践してみてください。さらっと3回、目で追うのです。用語であれば3回読むと、なんとなく覚えることができ

ます。その後にノートに書けば、それが1回目の復習になるのです。これは時間を短縮することにもつながりますし、家で復習するときに思い出しやすくなっているため、気分よく復習を進めることができます。

3つ目は「質問を1つ考える」です。

これは「授業が終わった後に、先生に質問をしよう」と意識しながら授業を聞く、ということです。おもしろいことに、**質問をしよう、と意識するだけで私たちの頭は活性化し始める**のです。質問をするとき、私たちは「ここまではわかる」「ここからがわからない」という線引きをしようとします。「ここがわからない」ということがはっきりしていないと、質問できないからです。実は、その線引きこそが、なにかを理解するという行為の1つ。**「わかる」とは「わける」こと**なのです。このように線引きをしようとするだけで、「気づいたら、わからないまま授業が終わってしまった！」というのを防ぐことができます。

「ナオキはそんなことをしながら授業を聞いていたのかぁ。僕も真似してみようかな」

「シゲル、お前、多少はマトモになってきたな」

「え？　どういうこと？」

「おい、『学ぶ』っていう動詞の語源、知っているか？　あれはな、『まねぶ』、つまり『真似る』っていう言葉から来ているんだ。お前はいま、ナオキの行動を真似ようとした。それは、勉強の本質なんだ。頭がよくなりたいと思ったら、最初は、頭がいい人の行動を真似るんだ。そうしていくうちに、自分のスタイルができていく」

マナブさんに、初めてほめられた。僕は嬉しくなって、ナオキについて話し始めた。マナブさんが目をつむってゆっくりうなずいてくれるので、気持ちよく話し続けた。たしかにいま習ったとおりだ。うなずいてくれると気分がいい。と思ったのも、つかの間。特大のいびきが聞こえ始めた。このやろう……!!!

> **まとめ** うなずきながら授業を聞く。

3日目　授業の時間を「濃い時間」にせよ

① うなずきながら聞く

② 3回読んで、覚えてからノートに書く

③ 質問を1つ考える

授業中に理解と暗記、両方やっちゃえば効率いいよね！

木曜日
4日目 復習はサンドイッチにする

　次の日、ちょうど席替えがあって、ナオキが僕のとなりの席になった。
「シゲル、よろしくね」
　優しいナオキは僕に笑いかけてくれた。あぁ、これは運命だろうか。ちらっと「マナブさんのしわざか!?」と思ったけれど、そんなはずはない。早速、こっそりとナオキを観察して、ほかにも真似できることはないか探してみた。でも、正直どこを観察すればよいのかわからない。いいや。直接聞いちゃおう……。
「ナオキ〜、ちょっといい……？」
　授業が始まる直前に話しかけようとしたら、ナオキはひたすらノートを見ていて、僕が話しているのに気づかず、授業が始まってしまった。授業が終わってすぐ話しかけようとしたけれど、そのときも同じようにじっとノートを見ていた。ナオキはいったいなにをしているんだ？
　家に帰って、マナブさんにナオキの様子を報告してみた。
「あぁ、サンドイッチだよ。『復習サンドイッチ』」
「サンドイッチ……？」
「できる人がこっそりやっている、頭がよくなる勉強法って必ずあるんだ。お前は俺と出会えて、ほんとラッキーだな」
　聞き覚えのあるフレーズで、僕は初めてマナブさんに会ったときの会話を思い出した。

　みなさんの中で「成績は上げたいけれど、勉強時間を増やしたくない」と思っている人はいませんでしょうか。「そんな夢みたいな話、あ

るわけないよ」と思ったあなた、実は、あるんです。

それは、「**授業の前後1分間、復習をする**」というもの。手順はこのようになります。

1．授業が始まる前の1分間に、前回のノートを復習する
2．授業が終わった1分間に、その回のノートを復習する

とても簡単ですね。

では、その1分間の復習で、なにをすればよいのか。それは授業を思い出し、授業の再現をしてみるのです。

たとえば、火曜日と木曜日に数学があり、今日が木曜日だとします。

その場合は、**授業が始まる1分前に、火曜日に習った問題を「目で」解いてみる**（「目で解く復習」については、16日目でも詳しく説明します）。「この問題はこうやって解く」というのをもう1回おさらいするのです。そして、前回の内容を頭に入れ直してから授業にのぞみましょう。すると、授業にも集中しやすくなるはずです。先生は前回の授業を踏まえて、授業を進めていきますからね。

そして、**授業が終わったら、いま習ったばかりの問題をまた「目で」解いてみましょう。** もし、その場で解き方を説明できなかった場合、授業に集中していなかったことになりますから、反省しましょう。

これをクセにすると、「あとで解き直すときに解けなかったらまずいな」と思いながら授業を聞くことになりますから、授業中の集中力が上がってきます。「あとで解き直せるように授業を受ける」という「ミッション」を自分に課すのですね。

「授業の前後に1分勉強したら、休み時間が減っちゃうよ」と思う人もいるかもしれません。でも、ご安心ください。授業の前後1分間は「ざわざわ」していたりプリントが配られていたり、実は空白になっているのです。実際に、先生が50分の授業の計画を立てるとき、その「ざわざわタイム」を抜いて48分くらいで考えることも多いほどです。

授業を前後1分間の復習でサンドイッチする。だから、この勉強法

mission 1　授業の時間を「濃い時間」にしろ

は、「**復習サンドイッチ**」と呼んでいます。別に隠してこっそりやっていたわけではないと思いますが、ナオキくんはこれをしていたのかもしれませんね。

　ちなみに、復習サンドイッチは、いろんな場面で活用することができます。

　たとえば、お風呂の時間。湯船につかりながら、「今日、どんなことを習ったかな」と思い出してみるのです。授業が終わってすぐ、というわけではありませんから、少し思い出しにくくなりますが、とてもよい復習になります。さらに言えば、お風呂に入っているときは頭も冴えていますから、お風呂は絶好のタイミングということができるでしょう。

　私は学習塾を経営していますが、スタッフとの会議にもこれを活かしています。会議が始まってからの1分で、前回の議論のまとめをして、今回の会議の目的（ゴール）を共有します。そして、会議の終わりの1分で、その回の議論をまとめ、次回の日程やそれまでの各自の宿題を確認します。これをするだけで、会議の生産性がぐんと上がるのです。

「エウレカ!!!!!!」
　マナブさんが叫んで立ち上がったので、僕はビクッとした。
「アルキメデスはお風呂でアルキメデスの原理のヒントを思いつき、『エウレカ！』と叫んで裸で飛び出した、といわれているんだ」
　そう言ってマナブさんはTシャツを脱ぎだした。ズボンに手をかけた瞬間、母さんがドアを開けて入ってきた。「な、なにやってるの!?」と、あ然とする母さん。マナブさんは急にべそをかいて、母さんに泣きついた。「おばちゃん助けて！　シゲルくんがいじめる！」
　……てめぇ!!!!!

> **まとめ**　お風呂の時間は絶好の復習タイム。

4日目　授業を復習で始め、復習で終えよう！

授業が始まる前は…

前回の授業の復習

授業が終わった瞬間に…

その回の授業の復習

> 復習でサンドイッチにすると、話が理解しやすいし、頭に定着しやすいんだ

mission 1　授業の時間を「濃い時間」にしろ

5日目 ノートは復習のためにある

「シゲル、ノート見せて」
　僕は、英語のノートを手渡した。実は昨日から丁寧にノートを書いてみたんだ。勉強がちょっぴりおもしろくなってきたからだ。字が上手とはお世辞にも言えないけれど、きれいなノートであることは間違いない。ノートを渡しながら、自分がドヤ顔になっていることに気づく。
「あぁ……シゲル……。お前、そっち系か……」
「え？　そっち系？」
「うん、『鏡よ、鏡』系」
「なんだよそれ、白雪姫かよ」
「そうそう。ていうか、白雪姫のお妃様系。『鏡よ鏡、この世で一番美しいのはだあれ？』って聞いて『お妃様です』って言われて満足する系だよ。つまり、きれいなノートを作って、それを見て、うっとりしちゃう系」

「……」
「シゲル、お前、やっぱりなにも変わってないな。もうちょっとココを使って生きろ」
　そう言ってマナブさんは人差し指で、自分の頭をさした。
「そもそもノートってなんのためにあるか考えろよ」
　ノートってなんのためにあるか？　そんなこと考えたことなかった。
「シゲル、覚えておけよ。いいノートっていうのはな、『復習しやすいノート』と『復習したくなるノート』なんだよ」

　note（ノート）という言葉には「注意して書き留める」という意味が

あります。学校の授業でいえば、その日に習った大切なことを忘れないために書き留めます。つまり、ノートは授業とセットなのです。

どういうノートを取ればいいかを考える前に、「勉強とはいったいなにか」をまずは考えてみましょう。

勉強とは、「できない」ことを「できる」ようにすることです。

勉強には①「予習」②「授業」③「復習」④「テスト」と大きく4つのプロセスがあります。これらが「できない」ことを「できる」ようにするために、どういう役割を持っているのかを理解しておきましょう。

①予習は「授業の準備」です。予習は「予め（あらかじめ）習う」と書きますが、授業前に「わかる／できるもの」と「わからない／できないもの」を分けて授業の準備をするのが「予習」です。

②授業は「復習の準備」です。授業を受けても、すぐにわからなくなってしまったり、できなくなったりしたら、意味がありません。授業は、復習とセットになって初めて意味があるのです。

③復習は「テストの準備」です。授業で受けたものを「わかる／できる」状態でキープしなければなりません。本当に「わかる／できる」状態になっているか確認をするのがテストです。

④テストは「予習の準備」です。いい結果が出れば、「また勉強しよう」と思うことができます。悪い結果だったら、「今度はもっといい点を取るためにはどうしたらいいだろう」と考えることができます。

話をまとめると、どれも**「次のことを考えながら行動する」**ということになります。

予習をしているときに、「先にここを調べておけば、授業が頭に入りやすいかも……」と授業のシーンを想像したり、授業を受けているときに、「この部分はあとで復習するべきだな」と復習のシーンを想像したりすることが大切なのです。

では、ノートの話に戻します。どんなノートがよいノートかというと、

mission 1　授業の時間を「濃い時間」にしろ

1．復習しやすいノート
　2．復習したくなるノート

です。授業は、「復習の準備」でしたね。よって、**授業中に取るノートは、復習をサポートするために存在しています。**

　たくさんメモを取っておいた方がよいのは、その方が復習しやすい（授業を思い出しやすい）からです。ただ、メモをゴチャゴチャと書いて、色ペンも使わずに味気ないノートだと、（とりわけ女の子は）復習したくないと思います。よって、好きな色ペンで書きたい人、お気に入りの付箋やシールを貼りたい人は、そうしてもまったく問題ありません。

　予習や復習をつながりで考えたことなんてなかったな。早速明日使う教科書を開いてみた。「前回はここまでやった」と調べてみれば、明日の範囲も自然とわかる。
「まずはテーマを把握することが大事だよ。コントでも落語でも、最初に演目を言うだろ？　人間ってさ、なんの話をしているかわかっておくだけで、理解がスムーズになるんだよ」
　なるほどなぁ……。教科書には「小見出し」がついているから、そこをチェックしておくだけで流れはずいぶんとわかる。
「ところで、シゲル、挨拶ってなんのためにするかわかるか？」
「え？　いや、特に考えたことないけれど……」
「挨拶はな、相手に『私はあなたに心を開いていますよ』と伝えることなんだ。でもみんな、その意味を考えずに使っている。手段を目的にしてしまっているんだ。ノートを取るってのも一緒だよ。ただ黒板を写しているだけでは成功できない。俺は生まれてから10年経って、ようやく気づいたってわけだ。思えば遠回り、したな……」
　マナブさんは老人のように、窓の外に目を向け、メガネを外した。人生を振り返ってるようだけど、まだ10歳なんだよね……。

> **まとめ** 意味を考えながらノートを取る。

mission 1 授業の時間を「濃い時間」にしろ

5日目 「次」を考えて勉強すれば、やるべきことが見えてくる

予習 ＝ 授業の準備
→ 「わかるもの」と「わからないもの」を分ける

授業 ＝ 復習の準備
→ 「わからないもの」を「わかる」に変える

「復習しやすいノート」がいいノート

復習 ＝ テストの準備
→ 授業でわかったことを「わかる」状態でキープする

テスト ＝ 予習の準備
→ 結果をふまえて、次へのやる気につなげる

「やるべきこと」がわかっているだけで、ムダのない勉強ができるようになるよ

土曜日
6日目 1週間ごとにその週の復習をする

　昨日は30分だけ、教科書を眺めたりして、授業の予習をしてみた。すると、授業が格段に理解しやすくなっていた。自分でも勉強の理解度がすごく上がったような気がする。この調子なら赤点挽回できるんじゃない？　と自信がついてきた。
　学校から帰ると、僕は目を疑った。リビングでマナブさんが泣いていたのだ。
「どうしたの!?　マナブさん！　マナブさん！」
　マナブさんは母さんと一緒に恋愛のドラマを見ていて、画面の中では恋人たちが別れ話をしていた。
「そうなんだよなぁ……2年目なんだよなぁ……。ぐぶぶぶ」
　見終わってもまだ鼻水を垂らしながら泣きじゃくるマナブさんは、独自の恋愛論を語りだした。それは「2年目のジンクス」というものだ。
　恋人ができて1年目はその季節を新鮮に楽しめるが、2年目に入ると少しずつ退屈を感じるようになり、「別れるまでの時限爆弾」を背負うことになるらしい。
「でもな、シゲル、これは勉強でも一緒なんだよ。ここまでは予定どおり、順調だ。だがな、次の1週間がすべてなんだ。2週目さえうまくいけば、2週目さえうまくいけば……」
「うまくいけば……？」僕は身構えた。
「別れずに済んだじゃんかよぉぉぉぉぉ……!!!」
　泣き崩れるマナブさんを見ながら、僕はマナブさんの好きな女の子を思い浮かべてみた。

　マナブくんは独自の恋愛理論に結びつけていましたが、2週目が大切なのはそのとおりです。**気持ちが緩(ゆる)む2週目がうまくいくと、習慣にすることができます**。まずはこの本で学んだことを振り返ってみましょう。アウトプットをしてもらいたいので、下の問題を解いてみてください。

　授業の時間を「濃い時間」にするにはどうしたらいいでしょう。この1週間でマナブくんが伝えたことを書いてみてね。

① 朝早く行くとどんないいことがありますか？
➡ ＿＿＿＿＿＿＿＿＿＿＿＿＿＿＿＿＿＿＿＿＿＿＿＿＿＿

② 授業はどうやって聞けばよい？
➡ ＿＿＿＿＿＿＿＿＿＿＿＿＿＿＿＿＿＿＿＿＿＿＿＿＿＿

③ 授業時間を「濃い」時間にするために、できることを3つ教えてください。
➡ ＿＿＿＿＿＿＿＿＿＿＿＿＿＿＿＿＿＿＿＿＿＿＿＿＿＿

④ 「復習サンドイッチ」ってなに？
➡ ＿＿＿＿＿＿＿＿＿＿＿＿＿＿＿＿＿＿＿＿＿＿＿＿＿＿

⑤ ノートはなんのために存在していますか？　またどういうノートがいいノートですか？
➡ ＿＿＿＿＿＿＿＿＿＿＿＿＿＿＿＿＿＿＿＿＿＿＿＿＿＿

　いかがでしたでしょうか。模範解答は次のページへ！

① 小さな優越感を味わうことができます。そして、気持ちを落ち着けることができ、クリアな思考ができるようになります。
② 「先生が伝えたいこと」を考えながら聞き、「誰かがメモをしたら、自分もメモする」など自分にミッションを与える。
③ うなずきながら聞くこと。3回読んで覚えてから書くこと。質問を考えながら聞くこと。
④ 「授業の前後1分間、復習する」という復習法。
⑤ 復習をサポートするためです。よいノートとは、復習しやすいノート、そして復習したくなるノートです。

　よく解けた人も、ほとんど解けなかった人も、どうしたらこの問題が解けるようになれたのかを考えてみてください。
　おそらく、ほとんど解けなかった人は、この本を読んで（眺めて）いるだけで、受け身になってしまっているのだと思います。そんな人は、1日ずつ講義が終わるたびに、自分で問題を作ってみたり、「先生になったつもり」で解説をしてみてください。誰かに対して、「ねぇねぇ、授業中に覚えちゃう方法知ってる？」と教えてあげるのでもいいでしょう。その人も教えてもらえるし、みなさんも教えてあげることで頭が整理されますので、どちらにとってもよいことです。
　先ほどマナブくんが言っていたように、「1週間、うまくいったかも！」と思った人こそ気をつけてください。カレンダーの翌週1週間を蛍光ペンで囲んでみてはいかがでしょうか。自分に対して「2週目は気をつけよう！」と危機感を植えつけることができるはずです。

「勉強には『2週目のジンクス』があるってことね……」
　僕は、次の週を蛍光ペンで囲んだ後、「2週目のジンクスが来る!!」と太い赤ペンで書き込んだ。
「ところでさ、マナブさんはどんな人が好きなの？」

「え？ え？ 聞きたい？」

　反応を見て、なんでそんな質問をしてしまったのか、と自分を責めた。正直どっちでもよかったけれど、聞きたいかどうかを答える前にマナブさんは嬉しそうに悩み始めた。

「ん〜……、好きなタイプかぁ〜♪　束縛(そくばく)する子はきついかなぁ♪」

　マナブさんを束縛できる女の子を想像したが、女子プロレスラーくらいしか思いつかなかった。そんな心配無用だよ、と言おうとしたけれど、僕は飲み込んだ。もう僕は中学生。こうやって少しずつ、大人になっていくのかもしれない。

> **まとめ**　2週間続ければ、習慣へと変わる。

7日目 日曜日も朝寝坊しない

　朝、目が覚めて時計を見ると、7時。「ヤバい！　学校行かなきゃ！」と焦ったけれど、今日は日曜日だった。「今日はなにをしようかな」と思いつつも、眠気が僕を包み込む。「日曜日だから、いいかな♪」と、僕はゆっくりと目を閉じた。

　その瞬間、「ピンポーン」と軽快な音が鳴った。まさか、違うよな。

　いつもあいつは午後から夕方にかけてやって来るので、今日もそう思っていた。いや、ひょっとしたら日曜は休みなんじゃないかと期待すらしていた。が、甘かった。

「シーーゲルくん、あーーそーーぼっ！」

　廊下からあいつの声がする。終わった。恥ずかしすぎる。無視。

「シーーゲルくん、あーーそーーぼっ！」

　やめろ、やめろー！　またしても僕はベッドから転がるように飛び出した。またかよ。勘弁してくれ。本当に、勘弁してくれ。

　勢いよくドアを開けると、あいつはストップウォッチを持って、そこに立っていた。

「はい、31秒。来週はもうちょっと早くなろうね」

　僕はイラッとして、バタンとドアを閉めて鍵をかけた。すると、勢いよく息を吸う音がした後、

「シィィゲルくぅぅぅぅん！　あぁぁぁぁぁぁそぉぉぉぉぉ……」

「やめろぉぉぉーーー！」

　大至急、爆弾級問題児の腕を引っ張り、玄関に入れた。マナブさんは、手をピストルにして、顔の横に構えるポーズをした。

「俺に冷たくすると、このピストルが火ぃ噴くぜ……？　おい、頭をシ

ャッキリさせるために、いまから散歩行くぞ」

　これは勉強に限らない話ですが、**休日をうまく使えるようになると、とても長い1日を過ごせるようになります**。平日に1時間を追加して確保することは難しくても、休日であればちょっと工夫するだけで2〜3時間も「時間を作る」ことができます。

　休日の朝、早く起きるための工夫はいろいろあります。

　・**前日にいつもより早く寝る**（これが一番大切です）
　・**カーテンを開けて寝る**（徐々に明るい日光が入ってきて、自然と目が覚めます）
　・**午前中に楽しい予定を入れておく**（誰かとの約束でも構いません）
　・**遅く起きるなら1時間までと決める**（リズムを崩さないようにしましょう）

　休日の朝、どうしてもダラダラしてしまう人は、シゲルくんとマナブくんのように、散歩に行ってみるのがよいでしょう。日光を浴びることで少しずつ目が覚めていきますし、脳内物質のセロトニンが多く分泌され、夜にしっかり眠くなります。休日は疲れていないので夜に眠れず、月曜日は睡眠不足……というようなことにもなりません。

　起きた後の過ごし方も考えましょう。休日の過ごし方のポイントは、「**ブロックにして考える**」ということです。

　①　 9:00〜12:00（午前）
　②　13:00〜16:00（午後）
　③　16:00〜19:00（夕食前）
　④　20:00〜23:00（夕食後）

のように、およそ3時間ごとに4つのブロックに分けましょう。まずは、そのブロックごとにやるべきことを大まかに決めておきます。たと

えば、①学校の宿題、②自由時間、③買い物、④1週間の復習、のようにします。

　もちろん、勉強でいえば、3時間ずっと続けることはできませんから、そのうちの1時間を休憩にあて、休憩をはさみながら進めていけば続けられます。ただ、「休憩と勉強」を同時に行うような、ダラダラとした勉強はやめましょう。一気に効率が悪くなるので、「集中してやれば30分くらいで終わったのに」という程度の量になってしまいます。動画やテレビを見ながらしたりせず、勉強するときは教材だけを見ましょう。

　もっともつらくない勉強のリズムは、「40分の勉強」＋「20分の休憩」です。3時間なら「（40＋20）＋（40＋20）＋（40＋20）」の3セット、つまり、2時間の勉強時間を確保することができるのです。

　また、4つのブロックに分けていると、もう1ついいことがあります。たとえば、午前中をムダにしてしまった場合、「あぁ、今日はダメな1日だ」と思い、そのまま1日をムダにしてしまうことがあると思います。4つのブロックで考えると、「午前中をムダにしたとしても、たったの4分の1じゃないか」と気持ちを立て直すことができるのです。

───────────────────

「わかるなぁ。休日って丸一日ムダにしちゃうと、残念な気持ちになるんだよなぁ……」。公園を歩きながら休日の過ごし方を習った僕は、妙に納得してしまった。さっそく今日は夕食前の2時間を先週の授業の復習と明日の予習にあててみよう。それ以外の時間は漫画を読んだりしてもいいんだもんな。なんかできそうだ。
「ちなみに、マナブさんは休日になにしているの？」
「そうだなぁ、最近は囲碁と盆栽いじりかな。朝5時に起きて、盆栽の水やりや剪定をするんだ」
「マ、マナブさん、何歳だっけ？」
　僕は、マナブさんの表情が緩むのを見逃さなかった。

「俺……？ 俺はな……TEN（10）歳」

はいはい、天才ね……。今年限定の「持ちネタ」なんだろうな。気分を害しながら、僕は歩き続けた。

> **まとめ** 休日は早く起きる。
> ブロックで時間割を作る。

7日目 休みの日をブロック分けしてダラダラを防ぐ

朝ご飯

9:00〜12:00 午前の部 　学校の宿題タイム

昼ご飯

13:00〜16:00 午後の部 　買い物タイム
16:00〜19:00 夕食前の部 　予習・復習タイム

夜ご飯

20:00〜23:00 夕食後の部 　自由時間！

就寝

1日をブロック分けすれば、丸一日残念な日になるのを防げるぞ！

mission 1　授業の時間を「濃い時間」にしろ

コラム
プリントをクリアファイルで管理する

　私が経営する塾では、おもに中高生を相手に学習指導をしています。

　その中で、特に中学生なのですが、プリントを紛失してしまっている様子が見受けられます。カバンの底にぐちゃっと丸まっていて、なにがなんだか、よくわからなくなってしまっているのです。

　そんな状態では、テスト類を見返して、出題傾向や自分の弱点を分析することもできないし、お知らせが書かれたプリントをなくしてしまったら、忘れ物をしてしまう、ということにもなりかねません。

　なにより、持ち物が整理されていないと、頭の中も整理されないのではないかと思うのです。

　「たかがプリント類の整理じゃないか」と甘く見てはいけません。「必要／必要じゃない」とプリントを整理することは、「大切なことはなにか」を考えることと似ています。片づけをすることにより、勉強で大切な心構えが自然と身につくのです。

　というわけで、プリント類を整理するクセをつけましょう。

　配られるプリントは、大きく3つに分かれます。

①授業のプリント…授業中に使ったプリント
②テスト…テスト類（小テストの答案と解答、定期テストなど）
③お知らせプリント…出題傾向が書かれた範囲表など

【プリント整理は教科ごとに】

　クリアボックスを3つと教科ごとに透明なクリアファイルを用意します。上の①〜③をそれぞれクリアボックスに入れ、各教科ごとにプリントをクリアファイルに入れます。どちらも安いもの、たとえば100円均一で売っているもので構いません。どうしてもなくしてしまう、という

人は、大切なプリントが配られたらノートに貼ってしまいましょう。

【教科ごとにファイルは1枚】

　教科ごとにクリアファイルを1枚使います。

　そこに配られたプリントを入れていきます。その教科がある日には、クリアファイルをカバンに入れて持っていきましょう。新しいプリントをすぐにファイルに入れれば紛失を防げるからです。また、透明なクリアファイルにすべきなのは、中身が見えるからです。さらに言えば、透明だと、整理するときに他の教科のプリントも自然と目に入って復習できるので、記憶に残りやすくなります。また、手前に新しいプリントを入れておくと、最新のプリントが見えるのでよいでしょう。

【試験範囲は目のつくところに貼る】

　③のお知らせ系プリントが配られたら、普段から目につくところに貼っておきましょう。机に敷いてある透明なビニールの下に置くのもOKです。

【テスト後はファイルごと整理】

　テストが終わったら、クリアファイルごと、段ボールなどに移動させてしまいます。でも、しだいにそれも満杯になってしまいます。その場合は適度に捨てていきましょう。捨てることに不安になる人もいますが、カリキュラムは「らせん形」になっていることが多いので、大切な単元はまた出てきます。そのときに解いたり覚えたりすればよいのです。

小テストで点数を取れる男になれ

「いい点取って、"イイ気分"を味わってみなよ」

月曜日

8日目 勉強をゲームだと考えてみる

「シゲル、どうだ？ 勉強がおもしろくなってきたか？」

「うーん、『勉強したい!!』ってほどではないけれど、『勉強するのも悪くないな』とは思っているよ」

「おうおう、それはいいな。じゃあ、今日は『やる気』に関する授業をしてあげよう。シゲル、ゲームは好き？」

「ゲーム？ 大好きだよ。勉強じゃなくてゲームだったら、何時間でも続けられるよ」

「そう、それを勉強に応用するんだ。つまり、**勉強をゲームに置き換えて考えてみるってこと**」

「勉強をゲームに？ どういうこと？」

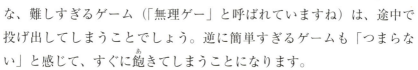

勉強もゲームも、こう表現することができます。

「楽しくなきゃ続かない」

ゲームであればずっと続けられるというわけではありません。どんなにがんばってもクリアできないような、難しすぎるゲーム（「無理ゲー」と呼ばれていますね）は、途中で投げ出してしまうことでしょう。逆に簡単すぎるゲームも「つまらない」と感じて、すぐに飽きてしまうことになります。

つまり、ゲームを続けられるかどうかは「レベル感」にかかっています。正しい攻略法でがんばれば、その分だけサクサクとクリアできるゲームにハマっていくのです。

では、どのように勉強をすればゲームのように楽しめるのでしょうか。まとめると、以下の2つになります。

1．正しい勉強法をマスターする
2．目の前の小さなテストで達成感を味わう

　正しい勉強法を身につけることをせず、やみくもに時間だけ使っても、できるようにはなりません。やり方を間違えていて、長い時間机に向かったのに結果が出ないとなれば、「僕／私はどうせできないんだ」と感じてやる気がなくなってしまいます（「自分に力がないこと」を学習するので、心理学では「学習性無力感」といわれています）。

　もちろん、勉強法は人それぞれです。100人いれば、100とおりの勉強法があります。ただ、その100人が100人全員とも、子どものころは勉強がうまくありません。スポーツチームにコーチがいるように、勉強にも「やり方」を教えるコーチが必要です。

　ただ、みなさんの周りで「勉強のやり方」を教えてくれる人をうまく見つけられないかもしれませんので、この本がコーチの代わりになれればと思っています。

　前にもお話ししたとおり、勉強とは「できない」ことを「できる」ようにすることです。「勉強のやり方」を身につけると、「わかる・できる」喜びを味わうことができます。小学校低学年のときは、クラスみんなで「はい！」「わかった！」と手を挙げていましたね。毎日新しいことが「わかる・できる」ようになる快感。この**「わかる・できる」喜びを味わうことが、勉強を楽しく続ける最大のコツなのです。**

　そして、目の前の小さなテスト（たとえば小テスト、確認テストなど）を大切にしましょう。ゲームを想像してください。ステージをクリアするごとに、「GOOD!!」「CLEAR!!」のように嬉しい言葉が出てきます。このときに得られる喜びと達成感のおかげで「またやろう！」と思うわけです。このクリアまでの時間が長すぎると、やる気がなくなって

しまいます（先ほどの「無理ゲー」です）。勉強でいえば、期間が短いテストに力を入れ、高得点を取ることでやる気が続くのです。

　先ほどの「わかる・できる」喜びを味わいながら、高得点という「**ごほうび**」**をもらい、イイ気分で気持ちよく勉強を続けることが大切な**のです。

「シゲル、どう？　わかった？　勉強のやり方を身につけて、目の前の小テストを大切にするといいんだよ」
「なるほどね。たしかにその点では、ゲームと一緒だね」
「次に小テストがあるのは、いつ？」
「明日、学校で漢字テストがあるけど……」
「よし、今日はその勉強から始めてみよう！」
　マナブさんは、僕のスクールバッグを勝手に開けて、漢字ドリルを取り出した。たしかに、テストでいい点が取れたら気持ちいいかも……。でも、どうしたらいい点が取れるんだろう。僕はマナブさんの指示を待った。
「どうすればいいの？」
「まずは、好きにやってみなよ」
「え？　勉強のやり方を教えてくれるんじゃないの？」
　驚いた僕に、マナブさんは目を細めて、冷たい視線を浴びせかけた。
「なんでもかんでも甘えるんじゃないよ、中学生のくせに」
　クッ……。生意気な小学生め……。
「……じゃあ、とりあえず30分、漢字の書き取りをしてみるよ」
「うんうん、まぁ、やってみなさい」

まとめ　勉強のやり方を身につけよう。まずは、目の前の小テストでいい点を取ろう。

8日目　勉強はゲーム。サクサクリアして楽しめ！

「できる喜び」がごほうびになる

⬇

気分よく勉強を続けられる

「がんばればクリアできるゲーム＝小テスト」を続ければ、勉強も楽しめるぞ！

火曜日
9日目 小テストの攻略法をマスターする

「シゲルくん、もうちょっとがんばって。このままだと期末も赤点よ」
　小テストの答案が返されて僕はびっくりした。いままで「ノー勉」で漢字テストにのぞんでいたところを、30分間テスト対策したのに、結果は40点だったからだ。
「もうちょっとがんばって」って言われても、どうしたらいいんだ……。
　家に帰ると、マナブさんが部屋にいた。小学校のときは、公園で遊んでばかりいても怒られなかったのにな。小学生がうらやましいよ。
「おかえり。いま、俺のことをうらやましいって思っただろう」
「え？　なんでわかったの？」
「顔がそう言っていたよ。でもさ、小学生も大変なんだぜ？　笑顔で元気よく『ハーイ！』なんて、ガキを演じるのも疲れるっつーの」
　僕は、目の前で足を組み、ドカンと座る小学生がいったい何者なのか、いよいよわからなくなった。
「で、漢字テストは何点だったの？　さしあたり40点くらいか？」
「え？　なんでわかったの？」
「顔に書いてあるよ。その顔は『40点の顔』だ。それで『せっかく勉強したのに、自分はできるようにならない。なんでだろう。やっぱり僕は勉強ができない』って思ったのね。悲劇のヒーロー気取りか？　なぁ、悲劇のヒーロー気取りか？」
　気持ちよさそうにいじめてくるマナブさんに僕はイラッとして言い返そうとしたが、できなかった。なぜならば、図星だったからだ。
「シゲル、お前、自分を変える気あるのか？　本気であるのか？　このままだと一生負け犬だぞ。生まれつきの能力のせいにして、悲劇のヒー

ロー気取りで人生を終えていくことになるぞ」
「悲劇のヒーロー気取り」って言いたいだけだろ……と思いつつも、マナブさんの言ってることが正しく聞こえてきた。
「本気で変わりたかったら、俺の言うとおりにしろ」
「マナブさん……」
　僕は強い意志を持ってシャープペンシルを強く握りしめた。

　シゲルくんは30分の努力をしていましたが、結果はあまりよくありませんでした。それは、「努力の仕方」を間違えていたからです。
　前日にちょこっと勉強しても、翌日寝たらすぐに忘れてしまいます。なぜかというと、「短期記憶」になっているからです。
　すぐに忘れてしまうけれど一時的に覚えていること、これを「短期記憶」といいます。一方で、仲のいい友達の名前のように、時間が経っても忘れにくい記憶を「長期記憶」といいます。
　最終的に成績を上げたいと思うなら、短期記憶をいかにして長期記憶にするかが大切！　ということができるでしょう。
　「短期記憶」を「長期記憶」に変えるためのポイントは、3つです。

1．テスト形式にして繰り返し覚える
2．丸暗記ではなく、意味づけをして覚える（10日目参照）
3．イベントで覚える（11日目参照）

　今日は「テスト形式にして繰り返し覚える」について話しましょう。
　繰り返し覚えるというのは、**1回で覚えきろうとするのではなく、何回かに分けて、回数を増やす**、ということです。そして、「眺めるだけ」もしくは「書くだけ」ではなく、問題を作ったり、問題集を解いたりして、**テスト形式にするのがポイント**です。
　小テストは1週間ごとに行なわれることが多いので、1週間で考えて

mission 2　小テストで点数を取れる男になれ

みましょう。

　まず、1週間を「①3日、②2日、③1日、④1日」の4つに分けます。

　そして、月曜日からスタートするとしますと、月・火・水曜日の3日間で1回目の暗記、次の木・金曜日で2回目のおさらい、土曜日は3回目のおさらいをします。どんどん日数が短くなるのは、回数を重ねるにつれて、かかる時間が短くなるためです。日曜日は、予備です。風邪を引いてしまったりするかもしれませんので、計画を立てるときは必ず1日を予備日としてあけておきましょう。

　「おさらいは1回目で間違えたところだけをやればいいの？」と思う人もいるかもしれませんが、できれば全部覚え直して、テストをしましょう。

　米国パデュー大学のカーピック博士が、米国ワシントン大学の学生をグループに分けて、40語のスワヒリ語を覚えてもらう実験をしました。結果、間違えた問題だけを再テストした学生と、すべてを再テストした学生を比べると、1週間後には、すべてを再テストした学生の方がよく覚えていたのです。

　1回目に間違えた問題だけを解き直すのではなく、全問を解き直すことが、定着への最短距離です。

・・・・・・・・・・・・・・・・・・・・・・・・・・・・・・・・・・・

　「なんか、本格的だな……。こんなやり方があるなら先に教えてくれればよかったのに」
　「どあほう。勉強法は、まず自分で考えてやってみることが大切なんだよ。人は失敗から学ぶんだよ。だから今回もあえて、自分で考えてもらったわけ。で、40点しか取れなかった。そうすれば『じゃあ、どうする？』って考えるようになるだろう？」
　「……マナブさん、意外と考えてくれているんだな……」
　「まぁな。俺はプロの家庭教師だからな」

気持ちよさそうに言い放ったマナブさんのメガネは、いつもどおりズリ落ちていた。どうもギャグにしか見えないんだよな……。

> **まとめ** 小テスト対策は3回に分けて、間違えなかった問題も繰り返し。

9日目　暗記ものは、記憶する「回数」を増やせ！

30個の単語を1週間で覚えるとすると……

（月）10個の単語をテスト＆暗記 ⎫
（火）10個の単語をテスト＆暗記 ⎬ 1日10個をテスト形式で暗記
（水）10個の単語をテスト＆暗記 ⎭

（木）15個の単語をテスト＆暗記 ⎫
（金）15個の単語をテスト＆暗記 ⎬ 1日15個をテスト形式で暗記

（土）30個の単語をテスト＆暗記　30個をテスト形式で暗記

（日）予備日

テスト形式にして何度も暗記することで、記憶が定着するんだ

mission 2　小テストで点数を取れる男になれ

水曜日
10日目 無理やりにでも使ってみる

　小テストの対策は「3日＋2日＋1日」ということがわかった。ということは、1回目をすぐに始めないと。テスト形式って正直「めんどくさい」と思うけれど、頭を働かせる分、記憶に残りやすくなってきた。マナブさんに会ってから、ほんの少しずつ、自分が変わっていくのを感じていた。始まったばかりだけれど、「自分からやっている」という感覚がある。
「ただいまー」
　家に帰って部屋のドアを開けると、マナブさんは両手を腰にあて、仁王立ちしていた。着ている白いTシャツには、太いマーカーを使って、下手くそな字で「＋αのど力」と書かれていた。
「プラスアルファの、どか？」
「違うわ！」
「プラスアルファ、喉ぢから？」
「あほか！　プラスアルファの努力だよ!!」
　そのとき、僕は、「習っていない漢字はひらがなで書く」という小学生特有のルールを思い出した。同時に、あのころの勉強は「横一列」で歩いている感じがあってよかったな、と思った。僕は、確実に、そのスタートで出遅れてしまったんだ。この先、ずっとそうなんだろうか。
「シゲル、この世界は競争で成り立っている。スポーツでも勉強でも、だ。競争に負けてばかりだとな、『できないやつ』って自分のことを思うようになっちまう。そんな人生まっぴらだ。競争で勝つために大切なことを教えてやろう。それはな、『＋αの努力』をすることなんだよ」

みんながやっていないことを積極的にやること、つまり、「+αの努力」をすることは勉強以外ならできている人も多いのではないでしょうか。たとえば、野球部で「レギュラーになりたい！」と思えば「他の部員+αの努力」をするでしょうし、吹奏楽部で「コンクールで入賞したい！」と思ったならば、「他校+αの努力」をすることになります。

昨日の「テスト形式にして繰り返し覚える」も「+αの努力」といえるでしょう。今日は、「短期記憶」を「長期記憶」に変えるためのポイント2つ目として、**丸暗記ではなく、「意味づけをする」「とにかく使ってみる」**という話をさせてもらいたいと思います。

なにかを習うとき、丸暗記をするのではなく、意味づけをした後でその知識を使ってみると、定着しやすくなる、というのが脳科学の常識になっています。もし、「+αの努力」をするのであれば、取り入れてみてはいかがでしょうか。勉強の効率もグンと上がるはずです。

たとえば、漢字を習ったとき、「意味づけをする」と「とにかく使ってみる」を実行してみると、以下のようになります。

1. その漢字が使われている二字熟語を、漢和辞典などで調べてみる
2. その漢字や二字熟語が使われている例文を読んでみる
3. 熟語や漢字を使って文章を作り、使ってみる

この3つのうち、1と2が「意味づけをする」、3が「とにかく使ってみる」ということになります。習った漢字を繰り返し書いているだけでは、その漢字を使えるようにはなりません。まずは、二字熟語の形に変え、それを日常生活で使ってみましょう。無理やりでも構いません。

たとえば、中学生は「駆」という漢字を習います。調べると「駆動（くどう）」「駆逐（くちく）」「先駆（せんく）」などが出てきます。「電池で駆動する」「敵を駆逐する」など例文を作り、これを無理やり使ってみるのです。蚊（か）を見つけたら、

「よし、この蚊を駆逐してやる……！」といった具合です。

　英単語を習ったら、その例文をいくつか調べて、その意味を考えてみる。その後にフレーズを作ったり、使ってみたりします。数学の公式も、習ったらすぐに問題を解いて使いながら確認するのです。

　こういうように、意味づけをすることを「精緻化（せいちか）」といいます。**ただ意味を考えずに覚えるのではなく、すでに自分が知っている知識と結びつけると、頭に入りやすくなります。**そして、その知識を使うことを「アウトプット」「出力」といいます。間違えてもいいので、使いながら覚えてみると、さらに定着するようになります。

「どうだ、シゲル、俺の説明わかりやすいだろ？」
「うんうん、わかりやすいよ」
「まぁな、俺は教育の『先駆者』だからな」
　マナブさんの目が鋭く光る。早速「駆」を使って「違いを見せつけてやったぜ」という表情をしている。無理やりのように感じるけれど。
「つまり、こうやって僕が教えてもらっていることも、すぐに今日から使ってみることで定着するってことだよね」
　いきなり、マナブさんはグッと腕を上げて、力いっぱい叫んだ。
「そのとぉぉぉーーーーり！」
　天井を見上げ、人差し指を天井に立て、もう一方の手は腰。僕は久しぶりにビクッとした。
「ど、どうした？　急にデカい声出して」
「プラスアルファ、喉ぢから……」
　……気に入ってんじゃねーか！

まとめ 習ったことは、意味づけをして、とにかく使ってみる。

10日目　習ったことはすぐに使ってみる

【駆】→ 辞書で調べる
　　　　「駆動」「駆逐」「先駆」「駆使」……

mission 2 小テストで点数を取れる男になれ

僕の運動能力を「駆使」して、この蚊を「駆逐」してやるぜ！

意味づけをして、とにかく使う！
すばやく知識をモノにできるぞ！

11日目 木曜日
「イベント」で覚えれば、頭にこびりついて忘れなくなる

　習ったことはすぐに使ってみる。翌日、学校で早速やってみた。
　1時間目の英語では、疑問詞を習った。WhatやWhenが出てきた。休み時間に「外行こうぜ！」と誘われたので、「When（いつ）？」と返してみた。「どうしたの？　頭打った？」って言われて恥ずかしかったけれど、これはもう忘れないだろう。たしかに効果あるぞ……。
　でも、困ったのが3時間目の歴史の授業。用語が出てきたので、辞書で調べてみたけど、日常生活で「縄文式土器」なんて使うシーンないよな。まぁいいか。これには使えないってことで。
「……で、社会はあきらめた、ってことだな？　シゲル」
「まぁ、そういうことになるかな」
「ばーか」
「は？」
「ばーか。ばーか。ばかっていう言葉は、シゲルのためにあるんだな！」
「はぁぁぁ??!!」
「バカヤロォォー!!!!!!!!!!!!!」
　僕はビクッとした。急に大きな声を出すの、やめてってば！　マナブさんは大声を出すとき、決まって目が飛び出そうになっている。本当に、どこからどう見ても、マンガのキャラみたいだ。
「あのな……いいことを教えてやろう。なにか目標を達成できる人とできない人の違い、知っているか？　壁にぶちあたったとき、できる人は『方法』を探し出し、できない人は『言い訳』を探し出すんだよ！」
　うざいけれど、なんか正しそうだ……。

「でも、まぁ1勝1敗かな。1つは、悪くない」
「ん？　どういうこと？」

　マナブくんは相変わらず好き放題言っていますが、シゲルくんはとてもいいことを1つしています。なにかといえば、「When?」と使ってみたことです。もちろん、これは昨日の「とにかく使ってみる」を実行したということで素晴らしいのですが、もう1つあります。

　それは、「短期記憶」を「長期記憶」に変えるためのポイントの3つ目、**「イベントで覚える」**を（知らず知らずに）実践できていたからです。

　難しい言葉を使えば「エピソード記憶」というものですが、たとえば、修学旅行や運動会などの記憶がふとしたことで勝手によみがえってくることってありますよね。それは、「イベント」だからです。普段経験しないようなイベントとして経験したことは頭にこびりついてしまいます。

　修学旅行や運動会のように、大きなイベントでなくても構いません。たとえば、授業中にあてられた問題って頭に残りやすいですよね。そして答えられずに恥ずかしい思いをしたり、叱られたりすると、さらに思い出しやすくなる。

　シゲルくんの「When?」も同じだったのです。シゲル君は恥ずかしい思いをした分だけ、記憶にこびりついていました。**日常生活の中で「周りの人」を巻き込むと、その人をフックにして記憶が定着しやすくなる**のです。

　英語や漢字のように日常生活に組み込むのが難しい場合、習った知識をイベント化して定着させるには、2つの方法があります。

1．休み時間に友達同士で問題を出し合う
2．自分が「先生になったつもり」で解説をしてみる

mission 2　小テストで点数を取れる男になれ

授業を聞いていた同士でお互いに問題を作って出し合えば、アウトプットする機会になりますし、さらに言えば、「先生の伝えたいこと」を考えるようにもなります（授業の聞き方のポイント1でしたね！）。問題を出すときは、「**重要なこと**」と「**相手が答えられなさそうなこと**」の2つを意識して問題にするといいです。

　もし、ペアが見つからなかった場合は、問題を自分で作って自分で解いてもいいですが、「先生になったつもり」で、一人で解説をしてみるのがおすすめです。先ほどの「縄文式土器」であれば、「縄文式土器とはどういうものか」を解説しようとしてみるのです。そのとき、その事柄（がら）に関連したキーワードや年代などをからめて説明できると、記憶が定着しやすくなります。

　声を出すのに抵抗がある方は、もちろん「口（くち）パク」で構いません。ただ、声を出すことによって「自分の声を自分の耳で聞くので頭に入りやすい」というメリットがありますので、積極的に取り入れてもらえたら嬉しく思います。

　習ったことを問題にしたり、それを出し合って解いたり、授業を思い出しながら解説をすることで、記憶は整理され、定着しやすくなっていくのです。

「いままで問題なんて作ったことないなぁ」
「まぁ、そうだよな。たしかに、それが普通かもしれない。でもさ、1回だけの人生だ。与えられた問題ばかり解くのもどうなのよ？」
「なんかいきなり大きな話になってきたね」
「与えられた問題ばかり解いていないでさ、シゲルも『こっち側』に、来いよ……」
　なんだこいつ、と思いながらも、僕は静かにうなずいてあげた。これが優しさというものだろうか。

> **まとめ** 問題を出し合う。習ったことを
> 自分で解説し直す。

11日目　覚えたいことは「イベント化」して、
　　　　忘れられなくしよう！

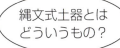
問題を作って、解説してみること！

> 友達同士でも、「一人解説」でも、やってみるだけ
> で記憶に残るよ！

金曜日 12日目 あらかじめ「三日坊主」を予定しておく

　今日はなんとなく気だるい。授業もボーッとして集中できなかった。これがマナブさんの言う「2週目のジンクス」なのか、と思いつつ、僕は家に帰った。
「うん、予想どおりだね」
　マナブさんは、淡々として、こう続けた。
「シゲル、ジェットコースターって好き？」
「うん、好きだよ。心臓がふわっとする感覚が、たまらないよね」
「じゃあさ、歩いていて、突然地面が抜けて、ズドンと下に落ちる毎日は、どう？　身の回りが落とし穴だらけなの。落ちるとき、心臓は確実にふわっとすると思うぞ」
「え？　そんなの怖くて歩けないよ。落とし穴だらけの世界とか危なすぎるよ。僕はそういうことを言っているんじゃないよ」
「だろうね。ジェットコースターというのは、少しずつレールを上って、『そろそろ落ちるな』と思ってから落ちる。だから安心して楽しめるの。勉強も同じさ。リズムに乗っていたとしても、『まったくやる気が出ない』という日も来る。勉強が苦手な人は、そこで心が折れてしまう。**大切なのは、『そろそろ折れるかもしれないな』と予想できること。そして、やる気が出ないときの対処法を知っていることなんだ**」
　僕はカレンダーに目を向けた。「2週目のジンクスが来る!!」という赤い文字があった。
「なるほど、もしあらかじめ予言されていなかったら、僕はここで心が折れていたかもしれないのか」
　昔から僕は「三日坊主」と言われてきたけれど、その理由がわかった

気がした。僕はいままで、決意したときのハイテンションな状態で無理な計画を作り、「やる気が出ないときが来る」という前提に立っていなかったのだ。

「自分は毎日コツコツ続ける力があると思いますか？」

もし、こういう質問をされたならば、多くの人が「NO」と答えるのではないでしょうか。なにをやっても続かない。子どものころ（ひょっとしたらいまも）「あなたは三日坊主ね」と言われていた人も多いことでしょう。

でも、ここで強調しておきたいことがあります。それは、「**人間はもともと三日坊主だ**」ということです。

なにかを「やろう！」と思ってがんばり始めても、「数日すると、やる気が出なくなる」という「心の三日坊主」は、大人でも子どもでも共通して起こります。そこで、「心の三日坊主」に引っ張られて、「サボる」という行動になってしまうから、「身体も三日坊主」になってしまうのです。この段階で「**心の三日坊主」に行動も引っ張られないことが肝心**です。

では、そういうときどうしたらいいか。それは、「心の三日坊主」が起こっているときは、心が弱っているときなので、いままでと同じ負荷をかけてはいけない、ということ。

では、具体的にどうすればよいのか。簡単です。**行動のハードルを下げる**のです。たとえば、いままで「問題集１日10ページ」「毎日２時間勉強する」という目標を立てた人は、「**今日は１問だけ**」「**今日は１分でいい**」と、**やるべきことを自分がやりやすいレベルに下げてみます**。

するとおもしろいことに、始めてしまうと、もう少し続けたくなるものなのです。１分やろう、と決めたとして、本当に１分で終わることはあまりありません。10分でも、20分でも続けられることが多いのです。

もちろん、1分で終わっても問題ありません。それが目標でしたから。
　また、「なにか新しいことを始めてみる」ということもおすすめです。たとえば、「新しい文房具を買う」「いままで行ったことのないカフェで勉強してみる」など、小さなことで構いません。気持ちがふさがっているときは、気分を変えるのもよいでしょう。
　とはいえ、「どうしても手がつけられない」という日もあると思います。そういうときは、もう寝てしまいましょう。なるべく早く寝てしまい、次の日の頭をスッキリさせるようにしましょう。

　毎日30分は机に向かうようにしていた僕。さすがに1分だとまずい気がしたので、10分に減らしてみようと思った。すると、おもしろいことに、時計を見たら30分経過していた。まだできそうな気がしたけれど、いったん切り上げよう。続きは寝る前だ。
「マナブさんがいなかったら、ずっと三日坊主のままだったよ、ありがとう！」
　僕は急に嬉しくなって、握手を求めた。マナブさんの手を握ったら、怖い夢を見た後のように、汗でじっとり濡れていた。
「どうしたの!?」
「いや、俺、ジェットコースター乗れなくてさ……、想像しただけでさ……」
　話を聞くと、絶叫マシンは某テーマパークにある海賊をテーマにしたアトラクションが限界とのこと。
「そんな怖いアトラクションだったっけ？」と思い出したが、最初にちょっぴり落ちるシーンが、そういえばあった気がする。
　震えながら話すマナブさんを見下ろしながら、僕は「男として」マナブさんに勝利を収めた気がした。ニヤリ。今日はいい日だ。

> **まとめ** 「心の三日坊主」のときは、
> 行動のハードルを下げるか、寝る！

12日目　やる気が落ちたら、その日の目標を下げよう！

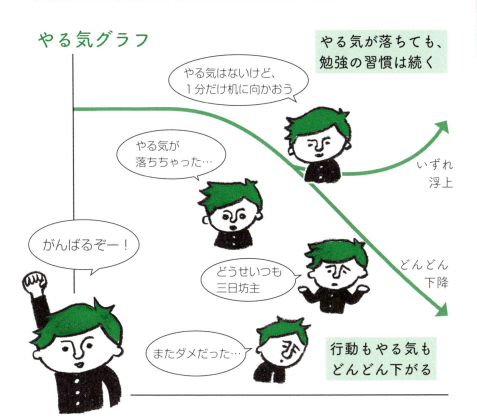

やる気グラフ

mission 2　小テストで点数を取れる男になれ

あらかじめ「やる気は落ちるもの」と思っておけば、三日坊主を乗り越えられるよ！

土曜日
13日目 努力を「見える化」する

　今朝、英単語の小テストがあった。ゆうべは早めに寝てしまったけれど、テスト範囲をさらっと見直すことはできたので、結果は100点中、75点。英語が苦手な僕としてはまずまずの出来だ。期末テストまで2週間ちょっと。これから本番まで、走り抜けよう。

「ゲーム好きな人ってどれくらいいるの？　ちなみに、俺はゲーム大好きだぜ」
　授業中に、先生がゲームの話をしていた。先生は30歳。子どものころ、ポケモンとかマリオとかドラクエとか、そういうゲームにハマったんだって。ポケモンは僕もやったけれど、マリオやドラクエはちょっと古い。でも、そういうRPG（ロールプレイングゲーム）は、僕も好き。
　先生の話を聞きながら、人生とRPGってちょっと似ているな、と思った。主人公は僕。その僕がいろんな武器を得て、少しずつ強くなっていく。そういえば、勉強法ってまさしく武器みたいだな。「イベントで覚える」とか「復習サンドイッチ」とか、いろんな武器を授かって、テストという闘いに挑んでいく。小テストが終わると、定期テストがやって来る。そうやって続くうちに、高校入試が来るのかな。
　僕は、マナブさんが、武器をくれる魔法使いのように思えてきた。僕のゲームの主人公は、僕しかいない。がんばらないと！
「マナブさん、僕にもっと武器をくれよ」
　家に帰ってそう頼んでみたら、マナブさんはキョトンとしていた。でも、僕が真顔だったからか、静かにうなずいて、説明を始めた。
「自分の行動を細かく分けて、終わったところまでサクサク消していく

> といいよ。そうすると自分が『どこまで進んだか』がわかるようになって、つらさが50％くらい減るんだ」

　今日は、努力の「見える化」について話したいと思います。

　なにか努力をするとき、それが少しずつ積み上がっていくのがわかると、それが嬉しくて続けることができます。先ほどのRPGでいえば、プレイを続ければ続けるほど、レベルが上がったり、仲間が増えたり。途中でやめるのがもったいなくなってきます。

　本来は、勉強も同じはずです。続ければ続けるほど、知識が増えていき、考え方も変わってきて、途中でやめるのがもったいなくなる、はず。そのはずなのですが、テストの点数が上がったり、仕事なら、仕事の成果に反映されたりとわかりやすい結果になるまでは、単調な毎日が続いてしまいます。勉強に慣れている人は「この努力の先にいいことが必ずある」と信じて続けられるのですが、そうでないと「やーめた！」と途中で投げ出したくなってきます。

　続けるためには、結果として表れるまで、意識的に努力の「見える化」をしてみましょう。では、どのようなことをすればよいのでしょうか。

　一番多くの人が考えるのは「勉強時間」を計測すること。「今日は30分できた！」「明日は1時間やるぞ！」と日記などに記録してみた人もいるでしょう。でも、これはなかなか続かないのです。なぜならば、時間を見て喜べるのは、「勉強し始めたとき」だけなのです。いままで0時間だった人が、1時間、2時間と増やしていくときは楽しいのですが、1時間くらいは勉強できるようになってからだと物足りなくなってくるのです。

　では、どうしたらよいのでしょうか。時間で物足りない人は、**やるべきことを「細分化」して書き出して、それをサクサクと線で消してい**

mission 2　小テストで点数を取れる男になれ

く、というのがおすすめです。

　私の好きな言葉に「**ケーキは切って食え**」という言葉があります。ケーキを丸ごとは食べられませんが、切ったら食べられるようになります。同じように、やるべきことを細分化し、終わり次第、線で消していくのです。

　たとえば、「英単語を覚える」という行動であれば、個数を明記し、そのプロセスを細分化していきます。20個を覚えるのであれば、

「付属のCDを聴きながら10回ずつ音読をする」
「例文を3回ずつ読む」
「英語から日本語を言えるようにする」
「英語のスペルを5回ずつ書く」
「テストをする」
「間違い直しをする」

というように、細分化して書き出します。これを消しながら進めていきます。ただし、一人では続かないこともあります。学生であればクラスの仲間、社会人の方であれば同僚のみなさんなどで共有してみると続きやすくなります。

　余談ですが、私は高校生のとき、「シャープペンシルの芯の本数を数える」という方法で友人と競っていました。とにかく問題を解きまくる受験期、問題数を数えるのもおもしろくなくなったので、消費したシャープペンシルの芯の数で友人と勝負して盛り上がっていたのです。

　みなさんもあの手、この手で少しでも続けられるよう、工夫を重ねてみてください。

　僕は5教科の中でも特に不得意な英語について、やるべきことを書き出してみた。小テスト対策だけじゃダメだ。定期テスト対策も始めないと……！　書き出してみると、赤点攻略までの道筋が見えてきたように思えた。これらをクリアすればいいんだな？

「シゲル、ようやく本気になってきたな」

僕はマナブさんの目をじっと見つめた。おう、やってやろうじゃないか。

> **まとめ** ケーキは切って食え。

13日目 「クリアしたステージ」が目に見えるようにしよう！

やるべきことを細かく分けて、できたところをどんどん消していくと楽しいよ！

mission 2　小テストで点数を取れる男になれ

日曜日

14日目 朝を得意にする

　朝、僕は夢を見ていた。気持ちよく公園を歩いているのに、どんどん空気が薄くなっていく。息が吸えない。なんで？　なんで……？
　苦しくなって、目が覚めた。そのとき、僕は気がついた。僕の鼻を、マナブさんが足の指でつまんでいたのだ。
「なにすんだよ！　ってか、なんでここにいるんだよ！」
「ピンポン鳴らして31秒経ったからさ。先週よりも遅いってどういうことだよ」
　ニヤッとする小学生にイラッとして、布団にもぐった。二度寝してやる。
「おい、シゲル、眠いのか？」
「うん、起きられない……」
「落ちろ」
「え？」
　マナブさんは、ぴょんとベッドに飛び乗り、僕をゴロゴロと転がし始めた。僕はボーリングの玉のように転がり、ドタン!!　と床に落ちた。
「なにすんだよ!!!　起きちゃったじゃないか!!!　……あれ？」
　もう一度、マナブさんはニヤッと笑った。
「毎朝、来てやろうか？」

　足の指で鼻をつまむ、という起こし方は、実は私が子どものころ、実際に父にされたことです（笑）。とてもイヤで、すぐに起きたのを覚えています。
　さて、また1週間が経ちました。今週この本で学んでもらったことを

整理してみます。まず、みなさんで予想問題を作ってみてください。どうでしょう。問題と解答は作れましたでしょうか（必ずやってくださいね！）。では、問題を以下に書きたいと思います。さぁ、今週は何問答えられるでしょうか。

① どうすれば勉強をゲーム化できますか？
➡ _____

② 毎週の小テストはどうやって勉強すればよいですか？
➡ _____

③ 「意味づけ」「アウトプット」という２つの言葉を用いて、記憶を定着させる方法を説明してください。
➡ _____

④ 「イベントで覚える」ためには、どんなことができますか？
➡ _____

⑤ 三日坊主になりそうなとき、どうすればよいですか？
➡ _____

⑥ 努力を「見える化」するには、どんな方法がありますか？
➡ _____

　模範解答は次のページへ！

模範解答は以下になります。

①正しい勉強法をマスターして、目の前の小さなテストでいい点を取る。
②テスト形式にして最初の3日間で1回目、次の2日間で2回目、最後の1日で3回目をする。そのとき、1回目に間違えた問題だけを解き直すのではなく、全問を解き直す。
③なにかを習ったら、意味づけをしてすでに自分が知っている知識と結びつけ、それを使ってアウトプット（出力）すると記憶は定着しやすくなる。
④友達と問題を出し合ったり、「先生になったつもり」で一人で解説をしてみる、など。
⑤心の三日坊主と、身体の三日坊主に分けて考える。行動のハードルを下げ、それでもダメなときは寝て、次の日に挽回する。
⑥やるべきことを「細分化」して書き出し、それをサクサクと線で消していく。

　いかがでしょうか。自分で問題を作ると、11日目にも書きましたが、「先生の伝えたいこと」を考えるようになるのでしたね。先週よりも正答率が上がっていたら思いきりガッツポーズをしてください。そういう小さな達成感に目を向けてあげてくださいね。

　冒頭でマナブくんはシゲルくんを落としましたが、この方法、意外と使えます。私は中学・高校時代、どうしても朝起きられませんでした。そのときに思いついた方法が、この「落ちて目を覚ます」ということ。朝起きられないときは「がんばる」という精神論に頼るのではなく、「転がり落ちる」という具体的な行動を取りましょう（でも、毎日やるとその痛みに慣れてしまうのでご注意くださいね……）。

また、もし「眠れない」という人がいたら、すごく早く起きる日を１日作ってみるとよいでしょう。早く起きれば、その日の夜は自然と早く眠くなります。「早寝早起き」といいますが、「早起き早寝」も有効なのです。

　朝は「勉強のゴールデンタイム」です。そのゴールデンタイムを活用するには、夜とセットにするのがさらに効果的です。

　４日目に「復習サンドイッチ」についてお話ししました。そのときは「授業を前後１分の復習でサンドイッチする」という内容でしたが、今回サンドイッチするのは、睡眠時間です。

　人間の記憶は、寝ている間に整理されます。「これは覚えよう」「これは忘れよう」というのが、寝ている間に分別されるのです。基本的に人間の脳は忘れるようにできていますが、寝る直前に記憶したものは忘れにくくなります。そして、それをさらに定着させるために、夜にやったことを朝に確認するとよいのです。

　合言葉は、「夜10分、朝5分」の暗記タイム。**寝る前に10分間、暗記タイムを作り、朝はその復習から始めてみましょう。**それが終わったら、集中力が必要な勉強に切り替えていくのです。

「今週、なんとか２週目のジンクスを超えられたな。あと１週間で習慣の先に行ける」
「習慣の先？」
「それをしていないと『気持ち悪い』と思うようになるんだ。朝起きて顔を洗わないと気持ち悪いだろ？　あの感覚だ。この１週間、油断するなよ。自分を変えるとき、大切なのは『攻めの姿勢』だ」

> **まとめ** 朝時間をムダにしない。
> 　　　　１日だけ早く起きてみる。

mission 2　小テストで点数を取れる男になれ

> コラム

清水流　読書を10倍楽しむ方法①

　私は、とても本が好きです。会社を経営しながら、全国の学校で講演・授業をしたり、本を書いたりしているので、そこそこ忙しいのですが、どんなに忙しくても本を読める時間があれば、幸せに過ごしていられます。それくらい、本が好きです。

　本は執筆のためにも読みますので、毎月20冊から30冊、年間で300冊くらいのペースで読み進めています。そんな私なので、昔からよく「おもしろい本ない？」と聞かれることがあります。私はこの質問をされると、興奮します。というのも、「これを読んでほしい！」と伝えたくて仕方がない本が山ほどあるからです。

　この場をお借りして、私なりの本の読み方と、いままで読んだ数千冊の本の中から「これは間違いない！」とおすすめできる本の一部をご紹介したいと思います（そして、このテーマで書いているいま、私はとても幸せです！　って、言うまでもありませんね……！）。

　まず、これまであまり本を読んでこなかった方には、気をつけてもらいたいことがあります。それは、「無理をしない」ということです。いきなり難しい本や、分厚い本に挑戦してしまうと、心が折れて、「また本を読めなかった……」と挫折感だけが残ることになります。せっかくなので、これをきっかけに本を好きになってほしいので、私が講演や授業で子ども達に話している「読書のステップ」をご紹介したいと思います。

■第1ステップ：読書が好きな友達を見つける

　まずは、「趣味は読書」という人を探してみてください。周りに一人はいるのではないでしょうか。自分だけで読み始めるのではなく、友達の力を借りるのです。そして、「この本を読んでみたら？」とすすめてもらいましょう。読み終わったら感想を共有してみてください。「あれ、

おもしろかったよー！」「ね‼ あのシーンがたまらないよね‼」など、友達と話せば、感動が2倍になります。私はいまでもたくさんの「読書友達」がいますが、このように感情の共有で結びついた友達は、かけがえのない存在になります。

■第2ステップ：「ベストセラー」の「短編」から読む

　次は本屋さんを探検してみましょう。いろんなジャンルの本があって、表紙も多様で、ワクワクしてくるはずです。みなさんが好きな本がきっと見つかると思いますが、迷ったら「ベストセラー」の「短編集」を選んでみてください。短編集とは、1冊の中に短い話がいくつも入った本のことです。文庫本（小さいサイズの本）でいえば、だいたい250ページくらいですが、この中に5つくらいの話が入っています。単純計算すると、1話あたり50ページくらいですね（もちろん、もっと短い場合もあります）。これくらいであれば、すぐに読み終わります。内容が難しくなければ、40分〜50分程度で読めることでしょう。これは、1日の「スキマ時間」で足りる時間です。「スキマ時間」とは、電車の中や休み時間、トイレの時間やなにかの「待ち時間」などの時間のこと。これらは1日40分〜50分はありますから、「スキマ時間」を活用すれば1日1話、読み終えることができるのです。

　多くの人が「おもしろい！」と言った「ベストセラー」のうち、サクサク読める「短編」が、まだ読書習慣のない方にはおすすめです。

　第3のステップは、次のコラムで書きたいと思います。そして、そこではおすすめの本を3冊紹介します。このまま次のコラムへと進んでも構いませんし、それを楽しみに(?)本編を読み進めてもらっても構いません。いざ、読書の旅へ！

自分なりの勉強のやり方を構築せよ

「勉強がわからないんじゃない。
勉強のやり方がわからないだけだ」

15日目 月曜日 「消える化」ノート術と、「テスト化」ノート術を活用する

　昼休み、サッカー部の仲間たちとすれ違った。いま、一番会いたくない人たちだ。こういうときに限って、みんな楽しそうで、僕が戻る隙間なんて残っていないように思える。別に僕なんかいなくても、サッカー部はまわるんだ。
「シゲー、お前、なんで来ないの？」
「えっとね……」
　僕が答えようとすると、誰かの声がかぶさった。
「シゲル、中間テストが悪すぎて、親に休部させられたっぽいよ」
「おいおい、まじかよー。期末がんばって、早く戻って来いよなー。じゃあな」
「早く戻って来い」か……。僕は心の中でその言葉を繰り返した。このままじゃダメだ。期末テスト対策がんばらなきゃ。そう思いながら家に帰ってマナブさんを見ると、たった一人の仲間のように思えた。不意に、涙が頬をつたう。
「おいおい、泣くなよ。最近のワカモノはすぐ泣くな。この『ゆとり世代』め」
　笑わない僕を見て少し焦ったのか、マナブさんは「おっほん」と咳払いをして、授業を始めた。「おい、シゲル、ノート持ってきたか？　今日は俺が考案した、『超・スーパー・ノート術』を教えてやろう」
　「超」と「スーパー」は同じ意味だと教えてあげようと思ったが、僕は涙とともに飲み込んだ。

　ここではノートの取り方を２つ、ご紹介しましょ

う。

　1つ目は、**「消える化」ノート術**というもの。2つ目は**「テスト化」ノート術**です。

　前者は、とてもシンプル。**授業中に大切だと思うこと（先生が黒板に黄色で書いたこと、強調したことなど）をその場でオレンジ色のペンで書く**、というもの。赤いチェックシートをかぶせれば、そこは「消える」ことになります（これが名前の由来です）。

　このノートを作ると、いいことが3つあります。

　1つ目は、**「どこが大切か」を考えながら聞くことになるので、授業に集中できるようになる**こと。

　2つ目は、**オリジナルの問題集を作ることができる**こと。授業が終わったら、それを使ってすぐに1回目の復習ができます。

　3つ目は、授業中にそれを作ることができるので、**家でノートまとめをする時間が省ける**こと。

　もちろん、ノートだけでなく、プリントでもこの方法は使えます。カッコに穴埋めするプリントは、赤で書かず（赤だとチェックシートで消えにくいのです）、オレンジで書いてしまいましょう。たとえば、英語の授業で、先生が現在進行形の授業をしているときを考えてみます。「現在進行形…be動詞＋ing形」と書かれていた場合、「be動詞」と「ing」をオレンジで書けば、「現在進行形…＿＿＿＿＋＿＿＿＿形」となります（こういう用語を思い出す作業を、**「用語型のアウトプット」**と呼んでいます）。

「消える化」ノート術はすぐにでも使えるノート術ですが、このような「用語型のアウトプット」にしか使えないという弱点があります。たとえば、「現在進行形ってどんなときに使う？」など言葉で説明するものには使えないのです（これを**「説明型のアウトプット」**と呼んでいます）。

mission 3　自分なりの勉強のやり方を構築せよ

そういうときは「テスト化」ノート術を活用しましょう。
　まず、ノートの左側に線を引きます。線を引く位置は、左右が１：３くらいに分かれるくらいがよいでしょう。その線の右側には、板書を写します。
　では、左側はどう使うか。左側は、**右側の板書を問題（テスト）に変えて（これが名前の由来です）、それを書いていきます。**「現在進行形はどんなときに使うか」といった具合です。全部を問題に変える必要はありません。「ここは大事だな」と思ったところを問題にします。
　ノートができたら、「消える化」のように授業後すぐにテストをしてみましょう。右側を隠して、左側の問題を解いてみるのです。
　このように、「テスト化」ノート術は、「用語型のアウトプット」ではなく、「説明型のアウトプット」に対応できるノートの取り方なのです。

───────────────────────────────

　僕はさっきまで泣いていたことなんて、忘れてしまっていた。マナブさんの説明を聞いているうちに、メラメラとやる気が出てきたからだ。
「シゲル、どっちのノート術が好き？」
「んー、うちの中学の先生、英語と社会は『とにかく覚えろ』的なことを言うんだけど、数学と理科は『暗記してもできるようにならない』って言うんだ。つまり『自分で説明できるようになれ』ってことでしょ？ だから、英語と社会は『消える化』で、数学と理科は『テスト化』かな」
「おお、やるじゃん。そうそう。そうやって分ければいいんだよ。じゃあ、ここで問題。こういうノートってどのタイミングで復習すればいいと思う？」
「復習のタイミング？」
　僕は、そこを考えていなかった。たしかにノートは復習をサポートするために存在しているんだった。すると突然、マナブさんはコブシを握って歌い出した。目をつむり大声で。

「このぉ〜木、なんの木、気になる木〜♪」
どうした、急に。この曲、なにかのヒントなのかな?

> **まとめ** 「用語型のアウトプット」と
> 「説明型のアウトプット」に分けて考える。

15日目　授業中に「オリジナル問題集」を作ってしまえ!

現在進行形
……be動詞 + ＿＿ing形

シートをかぶせると、オレンジで書いた部分が消える!

大切な用語はオレンジ色のペンで書く

赤いシートをかぶせれば、
「オリジナル問題集」のできあがり!

これをやれば集中力がぐんと上がるし、授業の直後に1回目の復習ができるよ!

mission 3　自分なりの勉強のやり方を構築せよ

火曜日
16日目 「その日、次の日、日曜日」のタイミングで復習をする

　ノートは復習のためにある。
　そう思って、「消える化」ノート術と「テスト化」ノート術を、僕はさっそく使ってみた。
　「消える化」を使った社会のノートでは、最初はなにをオレンジにしたらいいのかわからなかったので、先生が黒板で黄色を使っているところだけをオレンジにした。
　「テスト化」を使った理科のノートでは、黒板の見出しを問題に変えてみた。「火山岩」「深成岩（しんせいがん）」という見出しがあったので、左側に「火山岩とは？」「深成岩とは？」と書いた。その見出しについてどれだけ説明できますか、という意味だ。
　自分で工夫し始めると、授業に集中できるようになるんだな。
　このノートを使って復習するんだろうけど、昨日は「どのタイミングで復習すればいいと思う？」って聞かれたな。復習のタイミングっていつだ？
　家に帰ると、いつものようにマナブさんが足を組んで座っていた。なんとなく「オッサン感」が増してきたような気がする。
　オッサンみたいな子どもはオッサンになったとき、「子どもみたいなオッサン」になるんだろうか。それはそれで怖いような……。
「ん？　なんだ。どうしたシゲル……」
「いや、なんでもない……」

　シゲルくんが本気になってきましたね。
　今日は復習について説明しましょう。

まず、復習をする意味から。復習の意味、覚えてますか？　復習とは、授業で「わかる／できる」ようになったことを、「わかる／できる」状態でキープするため、つまり授業内容を定着させるためにありました。

では、これはどのタイミングにすればよいのでしょうか。9日目の授業を思い出してください。「短期記憶」を「長期記憶」に変えるためには、どうしたらよかったのでしょう。こちらも説明できるでしょうか。

ポイントはテスト形式にして繰り返し覚えればよいのです。復習は、基本的にここをおさえておけばよいでしょう。

では、具体的にどうすればよいのかを説明しましょう。とても簡単なので、覚えてくださいね。

テスト形式に関しては、授業中に作った「消える化」もしくは「テスト化」ノートがすでにそのテスト形式になっています。最初はそれを活用しましょう。もし、ノートがない場合や演習を増やしたい場合は、市販の問題集を使いましょう。

繰り返すのは、いつ、どのようにすればよいのでしょうか。**いいタイミングは、授業があった「その日」、授業翌日の「次の日」、そして週末の「日曜日」の3回です。**

「3回もやるのは大変だよ！」と思うかもしれませんが安心してください。1回目と2回目は、3分もあれば終わります。

復習は「目で解く復習」と「手で解く復習」に分けることができます。

前者は、手を動かさず、「思い出す」「授業の再現をしてみる」というもの。「テスト化」ノートの左側を見ながら解説するのと同じですね。たとえば、数学であれば、問題を読んで解き方だけを説明します。手を動かす必要はありません（もちろん、時間がある人や、やる気満々な人は、手を動かして解いてください）。問題文を読みながら、「この問題は

mission 3　自分なりの勉強のやり方を構築せよ

こうやって解く」というのを、数字を使わずに、言葉で説明すればよいのです。1回目と2回目はこの「目で解く復習」でいいでしょう。これなら、3分で終わります。

　一方、「手で解く復習」は、きちんと手を動かして問題を解くという復習です。1回目と2回目は、「目で解く復習」だけで問題ありませんが、それだけでは不足しています。3回目として、日曜日など時間があるときに「手で解く復習」をして、レベルアップを図りましょう。学校で配られた問題集でも構いませんので、とにかく問題をたくさん解くこと。アウトプットの重要性は、いままで繰り返したとおりです。

　復習のタイミングは**「その日、次の日、日曜日」**。このゴロは「この木なんの木」の歌のリズムに合わせると覚えやすくなります。

「そのぉ〜日、次の日、日曜日〜♪」

　おっと、失礼。私までマナブくんの影響を受けてしまいました。

「なるほど、3回に小分けにして復習するといいのか」

　ふとカレンダーに目をやると、期末テストまで、2週間しかなかった。もう、言われたとおり、完璧にやってみる。サッカー部には行けないけれど、いまの僕にとっては、マナブさんという名コーチがいる。

　やるしかないよな。

「そのぉ〜日、次の日、日曜日〜♪」

　おしりをフリフリしながら歌うマナブさんを横目に、僕は下唇をかんで、決意を固めた。

まとめ 復習は、「目で解く」2回と「手で解く」1回。

16日目　復習は3回！「その日」「次の日」「日曜日」！

習った日 と 次の日 は「目で解く復習」

日曜日 は「手で解く復習」

mission 3　自分なりの勉強のやり方を構築せよ

記憶に新しいときと忘れそうなとき、繰り返し復習するのがカギだよ！

17日目 「手持ちの時間」を計算する

「シゲル、いよいよ期末テストまで2週間だな……」
　……ゴクリ。僕は唾を飲んだ。もうそんなところまできてるのか。マナブさんの目を見ると、案外まじめだ。でも、いままで、テストまでの日数なんて数えたことがあっただろうか。しかも、まだ2週間も前だ。
「おい、まだ2週間『も』ある、なんて思っていないだろうな？」
　僕はマナブさんの言葉を聞いて、ドキッとした。
「あのな、俺から言わせてもらえば、2週間『しか』ない、だぜ」
「マナブさん、僕、思えば前回の中間テストは一夜漬けだったよ」
「残り2週間でどのくらい持ち時間があるのか、まずは計算するんだ。そのうえでやるべきことを書き出して、計画表を自分で作るんだ」
「わ、わかった……」
「シゲル、ここからが勝負だ。今日から本格的に『テスト対策』を始めていく。いまから話すことは、今後どんなテスト対策にも使えるノウハウだぞ。大人になっても、だ」
「大人になっても……。え、大人になってもテストってあるの？」
　マナブさんはため息をついた。
「いまの時代はな、資格試験だったり、英語のTOEICだったり、死ぬまでテストずくめだよ。でもな、それも慣れれば楽しくなる」
「テストが楽しくなるの？」
「そうだ。それには『必ず勝つこと』だ。サッカーだって、勝つから楽しいんだろう？」
　たしかにそうだ。負けた試合の後はぐったり疲れているけれど、勝った試合の後は「学校に戻って練習するか！」と盛り上がるくらいだ。

> 「テストの攻略法を覚えておけば、テストが楽しくなる。逆に、できなければ……」
> 「できなければ?」
> 「一生、テストがお前を追いまわすことになるのさ……」
> 　死ぬまで苦手なテストが追いかけてくる。想像するだけで、僕はゾッとした。

　マナブくんは大げさな表現を使っていますが、みなさんには1日も早く、テストの楽しさに気づいてもらえたらと思っています。先ほどの例でいえば、テストとは、試合なのです。サッカーなどのスポーツと比べると、勉強のテストは（表現が不適切かもしれませんが）、「勝ち方」がはっきりしています。それをあと2週間でみなさんにお伝えできればと思います。

　では、「テスト対策をしよう！」と決めた場合、なにから始めればよいのでしょうか。真っ先に問題を解き始める人がいますが、それは危険です。

　まずは、計画を立てましょう。**最初にすべきこと。それは「持ち時間」を計算することです。**

　算出の仕方はシンプルです。「寝る時間－帰宅時間－（ご飯＋お風呂などの生活時間）」を計算するだけ。電車の中や昼休みの時間など、「スキマ時間」があれば、その時間も足してください。

　具体的に中学生の生活で考えてみましょう。「17時に家に帰り、23時に寝る。ご飯とお風呂で1時間」であれば、「23－17－1」となり、その日の「持ち時間」は5時間となります。

　休日の場合も予定があるかどうかで決まりますが、同じような感じで計算します。これらを合計するのです。

　ここで気をつけて欲しいことがあります。それは、「計画どおり進む

はずがない」ということ。そのためには「予備の時間」を入れておく必要があります。

　定期テストでいえば、前日と前々日です。前日は、次の日の試験1日目のために残しておきます。前々日は、予備日として残しておきます。

　そう考えると、2日分を削らなければならないのです。

「持ち時間」を算出した後は、「やりたいこと」を書き出します。全教科、試験範囲を予想して、欲張ってやりたいことを書き出してみましょう。ノートを見直したり、予想問題を解いたり、間違い直しをしたり……。ポイントは、**「いままでまったくやっていなかったことまで書き出す」**ということです。勉強は、勉強時間ではなく勉強内容（つまり、なにをやったか）で得点が決まります。やることを変えない限りは、得点も伸びていかないのです。

　また、問題集を解くときは、「回数」にも着目してください。基本的に3回解いてもらいたいのですが、これには理由があります。それは、「正確さ」と「スピード」の両面を磨いてもらいたいからです。1回解くだけでは、だいたい正確に解くことができるけれども、時間がかかってしまいます。3回目になると、スラスラと「勝手に手が動く」状態に変わります。

「やりたいこと」を書き出した後は、英語に○時間、数学に○時間……と、かかる時間を合計していきます。これを先ほどの「持ち時間」と比べてみてください。足りているでしょうか。足りていなければ「やりたいこと」から「やるべきこと」にしぼる必要があります。では、どうやってしぼるのでしょう……？

・・・・・・・・・・・・・・・・・・・・・・・・・・・・・・・・

「ダメだ。仮に一日中ずっと勉強したとしても、足りない……」
「そうなんだよ。『持ち時間』と『やりたいこと』を比べてみると、焦りが出てくるだろう？　この焦りをうまく利用するのがいいんだ。もし、やる気がなくなったら、こうやって計画を立て直すのをクセにする

といいよ。焦りをやる気に変えるんだ」

　焦りをやる気に変える、か……。窓の外を見ると、雨が止んでいた。そろそろ、梅雨明けかな。季節も変わる。僕も変わる。よし、やるか！

> **まとめ**　「やりたいこと」は欲張って書き出す。

17日目　持ち時間と「やりたいこと」を書き出そう！

平日の「持ち時間」は5時間か。これを2週間分合計すると…

試験までに英語を20時間、数学を20時間、国語に12時間…あれ!?　足りない!!

やることをしぼらないと！

テストの前日と前々日は「予備日」として残しておくことも大切だよ！

mission 3　自分なりの勉強のやり方を構築せよ

18日目 自分がやるべきことを調査する

　次の日、僕は学校でも焦るようになった。でも、気持ちばかり焦って授業に集中できていない気がしたので、いままでマナブさんに習ったことを思い出そうとしてみた。

　「先生が伝えたいこと」を考えながら授業を聞く。誰かがメモをしたら、自分もメモをする。そして、「消える化ノート術」と「テスト化ノート術」を使い分けて……。

　昔と違って、スラスラと頭に入ってきて、驚いた。前回のテスト前は、わからないことだらけで、授業についていくのだけでもキツかった。そうか、勉強がわからなかったのは、勉強のやり方がわからなかったせいなんだ。この変化、家に帰ってマナブさんに報告したい。

　「シゲル、いいことに気がついたな」マナブさんは深くうなずいて、続けた。

　「50メートル走って、みんな同じラインからスタートするでしょ？ でも、テスト勉強はスタート地点ですでに10メートルも20メートルも差がついてしまっているのよね」

　僕は妙に納得してしまった。いまは2週間前だけれども、テスト前日まで授業はまだまだ進んでいく。いままでの復習をしながら、新しくやったことを復習するのは、至難のワザだ。

　「テスト勉強は2週間前から始めなさい」って先生が言っていたけれど、それは普段から復習している人向けの言葉なんじゃないかと思った。

　あと13日。意外と時間は残されていない……。

「やりたいこと」をやるのに「持ち時間」が足りない場合は、優先順位を考え、「やるべきこと」にしぼって取り組む必要があります。

それには、やるべきことを3つのカテゴリーに分けましょう。

A．いままでやっていたこと
B．いままでやっておらず、周りの人がやっていること
C．いままでやっておらず、周りの人がやっていないこと

このように分けると、優先順位がつけやすくなります。優先順位は高い方から、「A」→「B」→「C」です。もちろん、Aの中でムダなことをやっていたらそれを省く必要はありますが、いままでやっていたことに加えて、BとCを行うことで成績を上げていくことができます。

ただ、BとCの境目が難しいと思います。その場合は「調査」をしてみましょう。**自分が目指している成績を取っている人に、聞いてしまうのです。**勉強は勉強内容（つまり、なにをやったか）で得点が決まるので、同じ成績の人は、だいたい同じ勉強内容であることが多いのです。

では、なんと聞けばよいか。「ねぇ、英語って何やってるー？」では、「普通に教科書とかだよ」という曖昧な返答しかもらえないでしょう。

質問は、できるだけ具体的にすること。私であれば、このように聞いてみます。

①「英語って、なにを何回ずつやっている？」
②「なにができるようになれば終わりにしている？」
③「そのために、どのくらいの時間をかけている？」

ポイントは2つ目の質問です。勉強は「できない」を「できる」にすることでしたよね。先ほどの「普通に教科書とかだよ」という答えも、「教科書の何をどうできるようになるのか」。たとえば「本文を何も見ずに言えるようになる」や、「単語を日本語から英語に書けるようになる」など、具体的に教えてもらう必要があるのです（ちなみに、恥ずかしく

mission 3　自分なりの勉強のやり方を構築せよ

て友達に聞けない場合は、先生に聞いてしまうのでもよいでしょう）。

このように何人かに質問をさせてもらうと、「いままでやっていないこと」と、「やるべきこと」が明確になるのです。

周りの人を見て、「これをすべきだな」と思い、実行する。難しい言葉で表せば、**「仮説検証モデル」**です。「これでうまくいくのではないか」という予想を立て、結果が出たら振り返って、それでよかったのかどうか、さらによくする方法が他にあったのではないかを考えるのです。

私はもう少し呼び名を変えて、「３K」と呼んでいます。仮説を立てるためには、その前に周りを観察する必要がある、と考えているからです。**周りを「観察（K）」し、「仮説（K）」を立て、実行して、それを「検証（K）」する。**これは、勉強以外でも役に立つので、ぜひとも若いうちにできるようになって欲しいと思います。

最後に補足があります。周りの人に聞いてばかりでは申し訳ありませんよね。自分の得意科目の勉強法は、その友達にシェアしてあげましょう。どの教科も苦手な場合は、それをプレッシャーに変えて、なるべく早く得意な科目を作るようにがんばるのもよいと思います。

・・・・・・・・・・・・・・・・・・・・・・・・・・・・・・・・

「早速明日、ナオキに聞いてみようかな」
「そうだなー。でもアイツ、意外とシャイだからなぁ」
「ってかさ、マナブさん、ナオキ知らないよね？」
「うん。まぁ俺の10年間の友達データベースによれば、歴代のナオキ達は全員シャイでな……」
　ハイハイ、と流しながら、僕はナオキが勉強しているところを思い浮かべてみた。
「俺が家庭教師についたからには、ナオキだって目じゃないぜ。俺が『超・スーパー・記憶術』を伝授してやる。まずはシゲル、明日までに英単語100個覚えてこい。ここからここまでね。明日テストするから」

マナブさんはそう言って、英語の教科書を開いた。え？　1日で単語100個覚えろだって……!?

> **まとめ**　3K（観察・仮説・検証）をする。

18日目　「勉強のやり方」を人に聞いてみよう！

① なにを何回ずつやってる？
② なにができるようになったら終わりにしてる？
③ どのくらいの時間をかけてる？

mission 3　自分なりの勉強のやり方を構築せよ

「いままでやっていなかったけれど、やるべきこと」をやると、成績がぐーんと上がるぞ！

金曜日 19日目 「返し縫い記憶法」で暗記ものをサクサク覚える

　昨日マナブさんに出された宿題は「1日で英単語100個覚える」というものだった。そんなの無理に決まっている。でも、あきらめるのも悔しかったのでなんとかがんばってみた。

　「ケーキは切って食え」という言葉を思い出して、まずは100個を10個ずつに区切ってみた。10個ずつをどうやって覚えよう……。とりあえず書いてみようかな。

　うーん。しばらく単語をノートに書いてみた。30分経過したけれど、まだ15個。時間が足りないなぁ……。どうしたらいいのだろう、と悩みながら進めているうちに、次の日になってしまった。

「マナブさん、1日に100個なんて無理だよ！」

　マナブさんは僕の方を見て、ニヤリと笑った。

「目標を達成できる人とできない人の違い、覚えているか？　壁にぶちあたったとき、できる人とできない人はそれぞれどうするんだっけ？」

　僕は言葉に詰まった。あー、なんだっけ……。これもマナブさんがなんか言ってたな。

「できる人は『方法』を探し出し、できない人は『言い訳』を探し出すんだよ！　お前、やっぱりブレないなー！　プハハッ！」

　ブレないのはマナブさんだと思うけど。

「シゲル、いまから授ける武器は、人類史上最強かもしれん」

「えっ……？　人類史上最強……？」

　僕は言葉の響きに耳を疑った。なんかスケールが、いつもよりでかい。

「あぁ、昔、インドのアフリカにある洞窟の壁に書いてあったんだ。紀

元前2000年にホラロという少年がいてな……。アンチョビ工場で機械工として働いていたんだけれどな……」

　そんな昔に工場も機械工もあるわけがないし、「インドのアフリカ」って、もはやどこから突っ込めばいいのかわからない。気持ちよく話し続けるマナブさんの話を聞くふりをして、僕は教科書の英単語に目を移した。僕にはもう、時間がないのだ。

「1日で100語を覚えろ」なんて、マナブくんも「ムチャブリ」してきますよね。でも、実はそんなに時間をかけずにできます。ご紹介したいのは、「返し縫い記憶法」というものです。

　まず、英単語を10個ずつに区切ります（これはシゲルくんもできていたことですね）。たとえば100個であれば、10セットできます。これを①〜⑩と名づけてみましょう。以下のように進めていきます。

- **①を2分で覚えて、覚えたかどうか1分でテストをします。**
- **②を2分で覚えて、また1分でテストをします。**
- **①に戻って、忘れていないか1分でテストをします。**
- **③を2分で覚えて、1分でテストをします。**
- **②に戻って、1分でテストをします。**

以下、同様に最後の⑩まで「2分で覚える」「1分でテスト」を繰り返します。

- **最後にすべてのグループを1分ずつテストします。**

　これは英単語だけでなく、ノートでも役立ちます。

　この記憶法の特徴は3つあります。

①サクサク進んで楽しい
②新しい情報を入れながら、昔の情報を思い出す練習ができる
③テストの回数が多い

　記憶は思い出す作業によって定着していきますから、**「覚える」**こと

よりも「テストをする」ことの回数が多ければ多いほどいいのです。

　また、最後にすべての単語やページを１分ずつテストする意味は、9日目にご紹介したスワヒリ語を用いたカーピック博士の研究を思い出してください。間違えたところだけでなく、すべての問題を解き直すことで定着しやすくなる、という研究でした。

　もし10個が２分で覚えられなかったり、１ページの量が膨大で覚えられない場合は、２分を３分とか５分に増やすのではなく、単語数を減らしたり、１ページを２分で覚えられそうな量に分けたりしましょう。というのも、２分というのは絶妙な時間で、１分だと短すぎますし、３分だとそのうち１分くらいをムダにしてしまうからです。

　マナブくんのミッションに話を戻してみましょう。100語はどれくらいの時間がかかるのでしょうか。実は、**このペースでやれば、50分で覚えることができる**のです。英単語などの単調な暗記は、あまり時間はかけすぎずに、このようにサクサクと進めていくと楽になりますよ。

「返し縫いとか、懐かしいなー。小学校の家庭科で習ったよ。前に進んで、また少し戻って、って針で縫うやつだよね。何度もフェルトで練習したなー。それからティッシュ入れ作った気がする」

「うんうん、それそれ。まぁ俺はまだやっていないんだけど」

「そっか！　マナブさんまだ４年生か！」

「おい、いま下に見たろ？　おい、下に見たろ？　この時代に年功序列、押しつけるつもりか？　おい！　シゲル！　おい！　お前！」

　怒ったフグのように「プクーッ」と顔をふくらませて赤らめるマナブさんは、上司に絡む酔っ払いのオジサンだった。将来、酔ってネクタイをハチマキに結ぶようになるのかな……。

> **まとめ** 暗記ものは効率よく、サクサクと。

19日目　英単語を100個、どうやって覚える？

①10個のグループに分ける

② グループ① を2分で覚えて、1分でテスト

③ グループ② を2分で覚えて、1分でテスト
④ グループ① に戻ってテスト
　　→ グループ③ へ…
⑤最後に全部をテスト

100個を50分で覚えられる！

「覚えてテスト」→「戻ってテスト」を繰り返すと、サクサク覚えられるぞ！

mission 3　自分なりの勉強のやり方を構築せよ

20日目（土曜日） 文の暗記は「部分ごとにリピート」せよ！

「返し縫い記憶法」を教えてもらってから、テスト前で残っていた暗記ものをサクサクと終わらせることができるようになった。このサクサク感がゲームっぽくて、達成感もある。

　時間を区切るのも、集中力を高めるのに役立つことがわかった。いままでタイマーなんて使ったことがなかったけれど、暗記のタイムだけでなく、勉強時間も計ってみるようにしよう。

「シゲル、タイマーで時間を計ると、他にもいいことがあるんだよ」

「他にも？」

「うん。テスト中って『時間が足りない！』ってこと、あるだろ？　そういうときは時間配分がうまくできていないんだ。で、どうして時間配分がうまくできないかというと、１問に何分くらい時間がかかるか、予想する力がないからなんだよ」

「なるほど。タイマーで計りながら勉強すれば、『この問題はいつも５分くらい時間がかかっているから、急いで解けば３分くらいだな』と予想をつけることができるのか」

「そう。テストは合計点で競（きそ）うから、『これは解く』『これは後回し』って計算しながら、合計点を最高にしようとすればいい」

「なるほどねぇ……。マナブさん、テストって奥が深いんだなぁ」

「こういう知識ってあまり教えてもらうことってないけれど、『知らなきゃ損（そん）』だよなぁ」

　マナブさんはそう言いながら、腕を組んでウンウンとうなずいた。

「ねぇ、マナブさん、僕、もっと知りたいんだけれど」

「ガッハッハ！　教えてやるよ。でも、条件は１つ。シゲル、**必ず今日**

中に使えよ？」

　シゲルくん、勉強法を工夫するのが楽しくなってきたようですね。期末テストまでに時間がありませんが、「勉強時間が足りない！」と焦るときは、「勉強時間を長くする」という選択肢以外に、「勉強のやり方を変えてみる」という選択肢も持っておくとよいでしょう。

　ちなみに、マナブくんの最後のセリフ「必ず今日中に使えよ」というのは、実はとてもいいことを言っています。

　本を買っても、読まずに机に積んでしまうという、いわゆる「積ん読」をやってしまう人っていますよね。そういう人は「1ページでもいいから、その日のうちに読み始める」ようにすると、読めるようになります。

　最初にマナブくんが言っていた「始まりはすべての半分」というギリシャのことわざと同じで、とにかく始めてみることが大切なのです。

　この本を読んでいるみなさんも、「こんな勉強法があるのか」と思えることがあったとしたら、それを知ったその瞬間に使ってみてくださいね。

　では、さっそく本題に入りましょう。昨日は「英単語」のような用語の覚え方をお伝えしました。今回は、「英文」や「百人一首」のような少し長めのものの覚え方についてお話ししたいと思います。

　長いものを覚えようとするときは、以下の手順に従うと、覚えやすくなります。

①小さく分ける
②部分リピートをする
③徐々に長くつなぎ合わせていく

　では、英文の暗記を例にして説明します。

I walk to school with my brother every day.（私は毎日兄弟と歩いて登校しています）

という文章を覚えるときは、まずは意味ごとに小さく分けます。

①I walk to school
②with my brother
③every day.

そうしたら、部分ごとにリピートして覚えます。①を「I walk to school」「I walk to school」「I walk to school」……と繰り返して覚えたら、次は②の「with my brother」「with my brother」「with my brother」……と繰り返して覚える、といった具合です。

1つ1つをスムーズに言えるようになったら、それらをくっつけて、少しずつ長くしていきます。①＋②「I walk to school with my brother」を覚えたら、①＋②＋③「I walk to school with my brother every day.」とつなぎ合わせていくのです。

このように少しずつ長くしていくと、気がつけばすべて言えるようになっていきます。これも「ケーキは切って食え」ですね。丸暗記が苦手な方こそ、ぜひとも活用してください。

「マナブさん、これ、最初から聞いておきたかったよ……。なんで最初から教えてくれなかったのよ！　英語の教科書の暗唱、ずっとできなくて悩んでいたんだから」

「いや、それじゃダメなんだよ。最初に正解を求めちゃダメなんだ。まずは自分で苦労して失敗しないと。言われたとおりにやってるだけなら、ただの勉強マシンになっちゃうよ」

勉強マシン、か……。いまはマナブさんに教えてもらっているとおりにやっているけれど、いつかは自分のオリジナルの方法、探してみない

とな。でも、まずは期末テストだ。

> **まとめ** 大海の水も一滴から。

20日目　文を覚えるときは、「分けて、くっつける」

① まずは分ける
I walk to school with my brother every day.
　　①　　　　　②　　　　　　③

② 1個ずつ覚える

③ 少しずつくっつける

mission 3　自分なりの勉強のやり方を構築せよ

「英文」や「百人一首」などの長い文章を覚えるときに使ってみて！

21日目 [日曜日] やる気が出ないときは、自分を「だます」

　今日は日曜日。朝からどうもおかしい。全然やる気が出ないのだ。
　母さんに買い物を命じられ、トイレットペーパーを買ってぼーっと歩いていると、マナブさんは僕を見るなり、「あぁ、そうか、そうか……。なるほどねぇ……」となにかを理解したような顔をして去っていった。今日はもう来ないのかな。
「ピンポーン！」「ピンポーン！」
　外から変な「声」がする。インターホンを鳴らしているんじゃない。あれは「音」ではなく、マナブさんの「声」だ。相変わらずだな……と思いながら、僕はドアを開けた。
　すると、マナブさんは変なものを持っていた。ずいぶん長い棒だけど……。
「よいしょ、よいしょ……って、見てないで手伝え！　これ、俺より重いんじゃないか!?」
　そんなわけないだろ、と思いつつ、汗だくのマナブさんを見て、僕は笑ってしまった。メガネが片耳にだけかかって、ぷらーん、ってなっている。
「これ……どうしたの……？」
「走り高跳びの棒だよ。体育倉庫から盗んできた」
「はぁ!?」
「大学の」
「大学の!?」
　大学ってどこの大学だよ。日曜だから、守衛さんいなかったのかな。ていうか、持ってきちゃダメだよね。騒ぎになっていたりしないか

102

……? 僕があれこれ考えを巡らせていると、
「おい、これ、跳び越えて」
マナブさんは、棒の片方を下駄箱の上にのせ、もう片方を持ってにやりとしている。はぁ!? うちの玄関で走り高跳びやれってか。
「無理」「やれ」「無理」「やれ」「無理」「やれ」……
このやり取りをひとしきり繰り返した後、マナブさんは「こんなに『やれ』って言っているのに。『やれ』だけに、やれやれだよ」とため息をついて、語りだした。

さて、キリがいいので、そろそろ今週の振り返りをしましょう。いままでのように予想問題を作ってもらうのもいいのですが、今回はちょっと違う方法にします。それは、1日ごとに大切なキーワードを書き出す、というものです。

今回は、15日目〜20日目の6日間を復習していきますので、この6日間のページを見ながら、印象に残ったキーワードを抜き出してみてください。

これは、「キーワードを抜き出そう」とすることに意味がありますので、必ずやってくださいね。これから続く私の例を先に見てしまうと、意味がありませんよ!

さて、それでは私の答えを書いていきます。
15日目…消える化ノート術、テスト化ノート術
16日目…その日・次の日・日曜日、目で解く復習、手で解く復習
17日目…2週間「しか」ない、持ち時間、やりたいこと
18日目…やるべきこと、優先順位のABC、3K(観察・仮説・検証)
19日目…返し縫い記憶法、ケーキは切って食え
20日目…部分リピート、分けてくっつける、始まりはすべての半分

mission 3 自分なりの勉強のやり方を構築せよ

どうでしょうか。「全然違った！」という人もいることでしょう。ただ、私と違っていてもまったく問題ありません。「何が印象に残ったのか」を考えようとすることに意味があるからです。

私は、この復習法を**「キーワード要約」**と呼んでいます。実はこの「キーワード要約」、勉強以外にも役立つのです。

たとえば、読書。1冊を読み終わった後に、その本に書いてあったキーワードを3つ、抜き出すようにしてみてください。「キーワードを抜き出そう」とするだけで、受け身で読んでいた状態から、その本を能動的に捉えるようになります。

そして、私は仕事にも役立てています。講演を年間30〜50本させてもらっているのですが、その場合、ポイントは必ず3つ以内にまとめるようにしています。人間は4つ以上になると頭に入りにくくなるそうです。オリンピックのメダルも金・銀・銅の3つ。テレビの「サザエさん」も3本立て。「3」というのは脳に優しい絶妙な数字なのですね。

では、先ほどの走り高跳びの話に戻りましょう。「やれ」とシゲルくんを跳ばせようとしたマナブくんは、いったいなにを伝えたかったのでしょうか（実際に玄関で跳ばれたら危ない、と思いますが……）。

実は「棒が高すぎて跳べない場合は、くぐれ」と言いたかったのです。伝わるわけありませんね（笑）。つまり、ハードルが高ければ、無理しない範囲でできることをしよう、というメッセージです。

テスト直前には、必ずといっていいほど「急に」やる気がなくなる瞬間が出てきます。そういうときは「がんばらないと……」と焦ってしまうと、逆にプレッシャーに押しつぶされてしまいます。

12日目に「行動のハードルを下げる」という話をしましたが、今回のように「やる気があるけれど、できない」場合は、別の下げ方が必要です。それは、「勉強につながることで、勉強以外の行動」のハードルを下げるのです。

たとえば、**「シャープペンシルを1分持つ」**でもいいでしょう。「そ

んなことか」と思うかもしれませんが、やってみると驚くことになると思います。なぜなら、その1分間で勉強をしたくなってくるからです。

　勉強に慣れている人も、慣れていない人も、勉強を続けていると心が拒否反応を示してくることがあります。単調な生活に飽きてくるのです。でも、それはあくまで「勉強」に対して拒否反応を示しているわけですし、その一方で「勉強しなきゃ」とも思っているわけです。つまり、勉強に対して「マイナス」の気持ちも「プラス」の気持ちも両方持っている、ということができます。

「テスト勉強をする」ことから「シャープペンシルを1分持つ」ことに目標をずらすことで、その「マイナス」の気持ちをだまし、そして実際にシャープペンシルを持っているうちに「プラス」の気持ちが大きくなり、気がつけば勉強をしたくなってくる、というわけです。

　他には**「図書館で教科書を開く」「新しい問題集の1ページ目を開いて折り目をつける」**などがあります。これは人それぞれ違いますので、ぜひとも自分流の「ずらし方」を探してみてください。

mission 3　自分なりの勉強のやり方を構築せよ

「焦ってもいいことなし、ってことだね」
「うんうん。ってかシゲル、焦る必要はないよ。だってさ、直前は勉強の濃度が3倍くらい濃くなるんだもん。つまり、今は1か月前みたいなもんさ」
「なるほど！　その発想はなかったな。ところでマナブさん。これ、走り高跳びの棒じゃなくて、君んちの物干し竿だよね？」
　ぶすっとした顔をしたマナブさんのメガネはやはりズリ落ちている。

まとめ　心の「マイナス」と「プラス」の
　　　　　両面と向き合う。

> コラム

清水流　読書を10倍楽しむ方法②

■第3ステップ：ドラマ化・映画化される予定の長編を読む

　短い小説をサクサクと読めるようになったみなさんは、きっと「読めた！」という達成感で胸いっぱいのはずです。このころには気になった本をどんどん読んでいけると思いますが、迷っておられる方には、別の楽しみ方をご紹介します。それは、ドラマ化・映画化される予定の長編を読む、というものです。これは、「予定」というのがポイントです。

　ドラマ化もしくは映画化されることが決まると、本の帯（カバー下部に巻きつけられているもの）に「映画化決定！　主演：○○」のような宣伝文が書かれます。そういう本は店頭に並んでいますから、その中から気になったものを読んでみるのです。

　そういったものから選ぶ理由は、2つあります。1つ目は、「流行（はや）りそうなテーマ」であるから。ドラマや映画を作るためには、莫大（ばくだい）なお金をかけています。失敗は許されませんから、多くの人が関わって、時間とエネルギーをかけて作られます。それをかけるに足るテーマでないと、選ばれません。稚拙（ちせつ）な表現ですが「ウケそう」でないと選ばれないのです。そして、2つ目は「映像化しやすい」からです。本は文字ですが、ドラマ化・映画化するためには、映像に変えなければなりません。映像は、文字とはまったく別物のように思われがちですが、密接に結びついています。というのも、文字（本のストーリー）は頭の中で映像化して、イメージされるからです。つまり、「映像化しやすい」本は、読んでいてイメージがしやすい本、ということができます。

　ドラマ化・映画化される本は、流行りそうでイメージがしやすい。つまり、読みやすい本が多い、ということなのですね。そして、この本を読むと、さらに楽しめることがあります。そのドラマ・映画が完成されたら、観てみるのです。そうすれば、自分のイメージとの違いもわかりますし、また別の本を読むときに、映像化がしやすくなってきます。も

ちろん、映像化されることによって、自分の頭のイメージと違って残念な思いをすることもあるでしょう。それが怖い場合は、もちろん観なくても大丈夫ですが、そういう楽しみ方もあることを知っておいて損はないと思います。

　ぜひとも、いろんな角度から、本を楽しんでみてくださいね！

　参考までに、ドラマ化・映画化された本の中で私のいちおしの本を3冊ご紹介させてください。

1.『幕が上がる』（平田オリザ著、講談社）

　2015年に映画化され、「ももいろクローバーZ」さんが主演を務められたことで話題になりました。平田オリザさんは演出家の大家でおられますので、この本には演劇の舞台裏、つまり作る側の話が出てきます。これを読み終わるころには、「演劇を観に行きたい！」もしくは、「演劇を始めてみたい！」（学生であれば「演劇部に入りたい！」）と思うこと、間違いないでしょう。

2.『一瞬の風になれ』（佐藤多佳子著、講談社）

　この本は、「本屋大賞」という、書店員さんが選ぶ「全国書店員が選んだいちばん！　売りたい本」ランキングで2007年に1位を獲得した本で、テレビドラマや漫画にもなっています。佐藤多佳子さんの本は、会話と地の文のバランスが絶妙で、テンポよくサクサクと読むことができます。この方の作品では、『黄色い目の魚』（新潮社）もおすすめです。『しゃべれどもしゃべれども』（新潮社）という本も映画化されています。TOKIOの国分太一さんが主演を務められましたね。

3.『フィッシュストーリー』（伊坂幸太郎著、新潮社）

　僕は伊坂幸太郎さんの大ファンでして、ほとんどすべての作品を拝読

しています。昔から少しずつ読ませていただいてきましたが、大ファンになるきっかけになったのが、映画『ポテチ』でした。

　2012年に映画化されたもので、どろぼうの青年が主人公、というユニークな設定になっています。この映画を新宿のピカデリーで観たのですが、とってもおもしろい。それ以来、もっと伊坂さんの本を読むようになったら、夢中になってしまいました。

「ポテチ」はこの短編集『フィッシュストーリー』に収録されている短編小説の1つです。伊坂さんのストーリーは、いつも、読み終わると心が温まりますので、ぜひともご一読ください。ちなみに、伊坂さんの本は中高生にも大人気。講演でお邪魔する予定のとある学校へ見学にいったところ、図書委員の生徒さんが伊坂さんの推薦文(すいせんぶん)を丁寧に書いておられました。司書さんも「伊坂さんの本は、いつも貸出中です」とおっしゃっていました。一人のファンとして、嬉しくなってしまいました。

　最後に。「本が大好き！」という人の多くは、そうでない人に対して「もったいない！　こんな楽しみを知らないなんて！」と思っています。もちろん、私も同じ感情を持っていますが、それと同時に「うらやましい！」という感情もあります。

　なぜなら、みなさんは「本って楽しい！」という興奮を、これから味わうことができるからです。冒険の扉を、これから開けることになるからです。想像するだけで、勝手に私がゾクゾクします。

　知的興奮の極(きわ)みともいえる、読書の旅を、一緒にしてみましょう。もしもこの本が、みなさんが読書を始めるきっかけになってくれるのであれば、著者の一人としてこれ以上の喜びはありません。

定期テストで結果を出せるようになれ

「お前、自分を変えたいんだろう？
変われるよ、絶対」

月曜日 22日目 生活しているだけで暗記できる「勉強テーマパーク」を作る

「もぉ～、い～くつ寝ると～、期末テスト～♪」

部屋に戻ると、マナブさんが上機嫌で歌っていた。もういくつ寝ると、か。

「ただいま。あと何日だっけなぁ」

期末試験まであと10日を切ったことはわかっているけれど、僕はとぼけてみせた。でも、カウントダウンなんてするの、いつぶりだろう。サンタクロースだって、小学3年生くらいから来なくなった。お年玉も、「サブプライム」とか「不景気」とかいろいろ言われて「すずめの涙」だ。期末テストというものが、自分にとって大きな存在になってきていることが、身体でわかった。

「どうなのよ、調子は」

「うーん、どうしても社会が覚えられなくて。特にこのあたり」

僕は社会の教科書を取り出して、「日本の河川（かせん）」というページを開いた。

「シゲル、手出して」

「手？ どっちの手？」

マナブさんは答えることもせず、グイと僕の左手首を引っ張り出した。

「いててて……」

「だまれ中学生」

マナブさんは乱暴に僕の手をがっちりとホールドして、ポケットからマジックを取り出し、「しなの川」「とね川」と川の名前を僕の手の甲（こう）に書き始めた。

「ちょっと！　なにすんの！　マナブさん！　先生に怒られるよ！」
「大丈夫、洗えばすぐに消えるやつだよ。アブラ性だもん」

　そうか、消えるやつか……。僕はしばらくマナブさんが書くのを見守っていた。

　マジックのラベルが目に入る。アブラ性……。ってマナブさん！　それ、油性!!!!!!　消えないやつ！

　油性をアブラ性と読んでしまうところ、小学生らしくて可愛いですね。シゲルくんは気の毒ですが、手に書く、というのは実はとても有効な勉強法なのです。というのも、「目に触れる回数が増える」からです。

　なにかを覚えようとするとき、長い時間をかけて一気に覚えようとするより、短い時間でも覚える回数をたくさん作った方が覚えやすくなります。テスト直前期はじっくりと考える問題に時間を使ってもらいたいので、暗記は「スキマ時間」を使いましょう。

　覚えにくいものは「がんばって覚える！」のではなく「目に触れる回数を増やす」のです。そうすると、「手に書く」以外にもいろんなアイデアが浮かんできます。

　たとえば、付箋を活用してみましょう。

　覚えにくいことを大きめの付箋に書いて、机の前に貼ってみてください。顔を上げるたびに目に入ってきますよね。付箋の表面には問題を書いておき、その裏に答えを書いておく、なんていう方法もあります。

　机以外にも貼るところはたくさんあります。試してもらいたいところは、ドアです。**家の中にはいろんなドアがありますね。そのドアに貼るのです。**

　1枚のドアには何枚貼っても構いませんが、その際にルールを設定します。それは、「**ひととおり覚えてからドアを開ける**」というもの。

　ドアには出る側にも入る側にも貼っておきます。部屋を出るとき、入

mission 4　定期テストで結果を出せるようになれ

るとき、勝手に目に入ってきます。きれいな話ではありませんが、トイレのドアがもっとも効果的です。トイレに入りたいときは「ちょっとした緊急事態」の場合が多いので、頭をフル回転して覚えようとさせてくれます。

　ドアに付箋を貼り、覚えてから入る。私はこうやって作るドアのことを**「暗記ドア」**と呼んでいました。

　せっかくなので、トイレだけでなく、お風呂も勉強部屋に変えてしまいましょう。お風呂も勉強に活用しやすい場所です。「これを覚えたい！」というものがあれば、それをお風呂に持ち込んでしまいましょう。「濡れてフニャフニャになって破れちゃうよ」と思う人もいるかもしれませんが、方法があります。ハードタイプのクリアファイルに入れればよいのです。お風呂の壁タイルに湿気でピタッとくっついて、それだけでも楽しくなりますよ。

　テスト直前は、暗記ドアを作ったり、お風呂で勉強してみたりと、家の中を勉強のテーマパークみたいにしてしまいましょう。

　もちろん、手に書く、というのもおすすめです。ただ、私も手に書いていて、恥ずかしい思いをしたことがあります。

　電車に乗って吊り革を握って立っているとき、やたらと隣の人の視線を感じるので、どこを見ているのかと思ったら、私の手だったのです。消し忘れていたのですね。吊り革を持つ手を逆の手に替えようとも思いましたが、「ズボンのチャック、開いてるよ」と言われて直すような気がしてそれも恥ずかしく、結局最後まで恥ずかしいままでした。

　手に書いてもよいのですが、電車に乗るときはくれぐれも気をつけてください。

　洗面所で手をゴシゴシと洗ったけれど、なかなか消えなかった。明日までに消さないと、クラスのみんなに笑われてしまう。
「シゲル、ここからが勝負だ。とりあえず明日の小テストで満点取って

こい」
　満点、か……。明日は計算テストの日だ。がんばるぞ。

まとめ 暗記ドアを作ろう。

22日目 「生活しているだけで暗記できる家」を作ろう！

他にも「机の前に貼る」「お風呂に貼る」など、楽しみながら工夫してみて！

火曜日
23日目 「ケアレスミス」と言わない

　さて、今日は計算テストがあった。昨日の夜、範囲の問題を解き直したので、手ごたえはバッチリだ。
　結果は、10点満点の9点。1問は計算ミスか。これが合っていれば満点だったのに。そんな残念な気持ちも少しあるけれど、ま、これは仕方ない。ただのミスだ。次はきっと間違えない。
　帰宅すると、小テストの結果を待ち構えるようにマナブさんが立っていた。ふっふっふ。もう僕は、昔の僕じゃないんだ。
「1問ミスの9点！　1問はただの計算間違いだから、ほとんど満点みたいなもの……」
　ゴツン。言い終わるよりも早くマナブさんのゲンコツが頭に落ちる。
「ただの計算間違い？　ただのってどういう意味？」
「いや、こんな問題、次は間違えないよ。ほら、昨日はできていたし」
「バカヤロー!!!!!　そんな気持ちのままでいると小テストでも一生満点取れないぞ」
　ちきしょう。怒鳴り返したい気持ちをなんとか我慢して考える。10点満点の9点だぞ？　以前の僕を考えれば立派な成績じゃないか。ミスは誰にでも起こるもの。ゲンコツはやりすぎだろ。
「たとえば」腕を振り上げてズレたメガネを直しながら、マナブさんは話し始めた。
「野球の試合でサヨナラ負けになるエラーをした選手がいたとしよう。正面のゴロ、毎日何回も練習している、『捕れるはず』のゴロ。試合後その選手が『いや、あれは普段は捕れるんですけどね。ただのミスです』って言ったとしたらどう思う？」

たしかにそんな選手いないよな、と納得してしまった僕に、マナブさんは言葉をかぶせた。
「近ごろの若者はなんでも『ケアレスミス』のせいにしすぎる」
　マナブさんは、孫を叱るおじいちゃんのように、不機嫌そうにぶつぶつと口にして、授業を始めた。

　ちょっとしたミスで点数を落としてしまった、という経験はみなさんの中にもあるのではないでしょうか。ケアレスミス（簡単な不注意からくるミス）は誰にでも起こりえることですが、ちょっとした心がけで減らすことができます。そのコツは、「できる」「できない」の間にある、階段を意識することです。

　テスト問題に正解できるようになるまでには、4つのステップがあります。それは、①「手も足も出ない」→②「解説を読みながらであれば再現ができる」→③「自力で解けるがたまに間違える」→④「スラスラとミスなくできる」です。ケアレスミスをする段階とは、③「自力で解けるがたまに間違える」から、④「スラスラとミスなくできる」に上がる途中です。ここに着目することが大切なのです。

　普段の勉強では、以下の2つに気をつけてみてください。
①自分の間違いの傾向を知る
②見直す方法まで考えておく
　問題集を解いているとき、「またこのミスをしてしまったな」と自分を責めたくなるときはありませんでしょうか。たとえば、答えが「－（マイナス）16」のところを「16」と書いてしまった。その場合は、「符号の間違いが多い」など、自分にとっての「落とし穴」を認識することが有効です。そうすることで、試験で同じような問題が出たときに、より注意深く取り組むことができるのです。
　試験中に見直しをする場合も、この「落とし穴」を中心に見るように

mission 4　定期テストで結果を出せるようになれ

すれば、ミスをさらに減らすことができます。

　もし、このように気をつけていてもテストで同じようなミスをしてしまう人は、**テストが始まったとき、問題用紙の上に（解答用紙ではありませんよ！）、「見直すことリスト」を書いて、それと照らし合わせながら見直しをすることをおすすめします。**

　たとえば、英語であれば**「ピリオドを忘れない」「文頭は大文字で書く」**などです。リストを書く分、時間はムダになってしまいますが、ロスするのは多くて30秒。それくらい時間を使っても、ミスが減るならいいでしょう。また、すぐに始めるのでなく、注意することをゆっくりと書いてから始めるだけで、気持ちも落ち着いてきます。

　「見直しの時間」はテスト時間の10分の1ぐらいがいいと私は考えています。50分のテストであれば、「45分で解いて5分で見直す」ことになります。

　また、見直しは「目」でするのではなく「指」でしましょう。駅員さんがホームで点検をしているときに指さしでするように、人は指を使うことで記憶を集中させることができます。

　そして、大切なのは普段から見直すクセをつけること。普段できていないことは本番でもできません。家で問題集などを解き進めているときも、見直すようにしてください。

　マナブさんの話を聞きながら、僕は小学校のサッカー部の引退試合を思い出した。終了間際（まぎわ）、僕はシュートを外（はず）したんだ。「いつもなら入っていたよ。運が悪かった」っていままで思っていたけれど、そんな自分がかっこ悪く思えてきた。「本当はできるはず」なんて意味がないんだな。「ケアレスミスはな、風邪（かぜ）と一緒なんだよ。甘く見て放っておくと……」

　そう言いかけながら、マナブさんは特大のくしゃみを放った。

　こいつ、本当に「持ってる」よな。マナブさんは僕をジロリと見て、

指で鼻をこすった。

> **まとめ** テストの問題用紙に「見直すことリスト」を書く。

23日目 「取れるはずの点数」を絶対に落とすな!

対策1 問題用紙に「落とし穴」を書いておく

・ピリオドを忘れない
・文頭は大文字!

対策2 最後の5分は 見直しタイム として確保

指さし確認
大文字OK!
ピリオドOK!

「できるはず」の問題も、ちょっとしたミスで間違えちゃったら意味がないぞ!

mission 4 定期テストで結果を出せるようになれ

水曜日 24日目 ラブレターに応えるように、テストを解く

　今日は雨だ。帰り道、水たまりを踏んでしまった僕は、ブルーな気分になっていた。この雨はいったいいつまで続くんだ……。部屋に帰り、「よぉ」というマナブさんの声を無視して、僕は不機嫌をぶちまけた。
「ねぇ、僕らなんで勉強しなくちゃいけないのかな？　テストでいい点が取れるようになったところで、社会に出ても役に立たなそうじゃない。勉強なんて意味なくない？」
　濡れた靴下を脱ぐのを見つめながら、マナブさんはリンゴを丸かじりしていた。
「また悲劇のヒーロー気取りか……」
　ぼそっとつぶやいたマナブさんは、「よっこいしょ」と言って、面倒くさそうに立ち上がった。
「シゲル、今日は人生を教えてやろう」
「え？　人生？」
　マナブさんはこれからふざけるのだろうか。それともためになる話をしてくれるのだろうか。見分けられなかった僕は、少し戸惑った。
「おい、世の中を変えるアイデアを持っているヤツと、相手から求められたものを作るヤツ、どっちがえらいと思う？」
「うーん、どっちがえらいとかわからないけれど、世の中を変えるアイデアを持っている人かなぁ」
　キリッとした目で、マナブさんは僕を見つめた。
「うん、そうだ。自分は世界を変えられる、そう思えるくらいクレージーなヤツが、世界を変えるヤツなんだ」
「かっこいいな。マナブさん、それ名言だよ。アイデアマンがえらい」

「でもな、本当にそうなんだろうか？　ゼロからイチを作るようなアイデアも、実現できないと意味がない。たとえば、世界を変えたiPhoneやiPodも、一度製品を作ってから何度も何度も作り直して、いまのポジションまでのぼりつめたんだ。つまり……」

「つまり？」

「テストに本気で取り組めってことだ」

「え？　テストに⁉　なんで⁉」

「テストは、出題者からのメッセージなんだ。相手から求められていることを想像して、それに答える、というトレーニングなんだよ。だからテスト対策ですべきことは、メッセージをキャッチすることなんだ」

みなさんは、アップル製品を使っていますか。私も愛用していますが、アメリカの一企業であるアップルは、世界をガラッと変えましたよね。たとえば、携帯電話。iPhoneが出てきて、「これこそが世の中で必要とされているものだ！」と世界をトリコにしました。

でも、新しいものを作るにしても、相手のことを想像して、繰り返し改善を続けなくてはなりません。アイデアを形にして届ける方が、ずっと手間も時間もかかるのです。

では、相手の気持ちを想像するトレーニングには、どのようなものがあるのでしょうか。自分の好きな人に振り向いてもらいたくて想像をふくらませる、ということもあるでしょう。ただ、意外な場面で、それはトレーニングされているのです。それは、学校のテストです。

どういうことか、説明しましょう。テストは先生からのメッセージです。「ここまでは覚えてね」「ここが大切だから解いてね」という「気持ち」が込められています。ですから、先生の「気持ち」を読み取って対策をするのは、実はトレーニングになりうるのです。

だから、テストと思わずに人生と思え、とマナブくんは言いたかった

のです。受験勉強やテストの勉強はなんの役にも立たない！　と思う人は多いことでしょう。確かに直接役に立たない知識があるのも事実です。でも、出題者の「気持ち」を想像して、傾向を予想して対策する、というプロセスは、社会に出てからもきっと役に立つはずです。

　将来のためにも、テスト勉強には、大いに燃えてください。勉強はかっこ悪い行為ではありません。本気で取り組むことで、「想像力」を高めてください。

　では、なにから始めればよいのでしょうか。**最初に手をつけるべきことは、過去の問題の分析です**。少し時間はかかるかもしれませんが、やることはシンプルです。シゲルくんであれば、中間テストの全教科の問題を一問ずつ、「どこから出題されたのか」をチェックするのです。たとえば社会のテストの出題の割合が、次のようだったとします。

教科書……20%
板書………10%
口頭………10%
問題集……60%

　この分析から、教科書や板書よりも、問題集に力を入れるべきだ、ということがわかります。もし、板書の割合が多かったら、授業も緊張感を持って受けられるようになるかもしれませんね。

「テストと思うな、人生と思え、か……」
　そんな発想をしたことは一度もなかった。
「シゲル、要するにね、ビジネスで成功するためには、相手のことをどれだけ想像し続けられるか、ということなんだ。さっきの名言は……アップルの創業者、スティーブ・ジョブズの言葉だよ」
　ムシャムシャとリンゴを食べ終わって、芯をゴミ箱に投げ入れた。
「要するに、俺はジョブズに負けない男だってことよ。俺の名はマナーブ・ジョブズ。死ぬまでついてこいやー！」

負けない男だって言いながら、完全に真似してるじゃないか……！

> **まとめ** テストと思うな、人生と思え！

24日目　テストは先生からのメッセージ

前回のテストを分析してみよう！

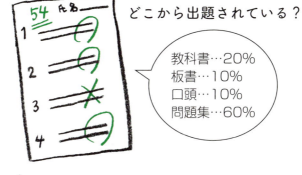

どこから出題されている？

教科書…20%
板書…10%
口頭…10%
問題集…60%

そうか！
問題集を中心に
勉強すればいいんだ！

テストに込められているのは「ここまではできるようになって欲しい」という出題者の願いなんだ

mission 4　定期テストで結果を出せるようになれ

木曜日
25日目 心に優しい計画を立てる

　今日僕は自己嫌悪に陥っていた。数日前に作った計画表が机の前に貼ってあるけれど、なかなかうまくいっていないんだ。
「おうおう、なんだよ、元気ない顔しちゃってさ」
　この小学生だけは、いつも変わらない。
「マナブさん、この前立てた計画がうまくいってないんだよ。やっぱり、僕、ダメかもしれない」
　そう言ったら、マナブさんは急にケラケラと笑い始めた。椅子から転げ落ちて、お腹をかかえて、ダンゴムシのように丸くなって震えている。
「出たっ！　悲劇のヒーロー気取り!!　出た出た！　悲劇のヒーロー気取り!!　ブレないなー！　お前、ほんと、ブレないなー！」
「!?」
「だからお前はダメなんだよ！　お前はな、自分の能力を信じすぎているんだ。人間ってそんなに上等な生物じゃないぞ。おい、シゲル。『僕はダメ人間』って10回言ってみろ！　プハハッ！」
　はぁ……!?　ちくしょう！　いつか見返してやる……！

　マナブくんは相変わらずひどいことをしますねぇ……。でも、口は悪いですが、いいことも言っています。それは、「人間ってそんなに上等な生物じゃないぞ」というところです。ここは100％正しいです。12日目にシゲルくんが言ったように、決意して計画を立てるときは、常にハイテンション。無理な計画を立てがちです。

外でご飯を食べるとき、追加で注文しすぎてしまうことってありませんか？「まだ食べられるだろう」と思って注文したものの、料理が来たときにはお腹いっぱい、みたいなときです。実は、人間の満腹感って5分遅れてくるそうなのです。つまり、いまの食欲は、5分前のもので、いま口に入れたものは5分後に満腹感として表れる。

やっかいなこのズレ。知っておくだけで、もう私は失敗しなくなりました。そして、気がつきました。計画の立て方も同じだ、と。計画を立てるときのテンションと、普段のテンションにはズレがある。だから、計画は「狂う前提」で立てなければならない、と……。

計画を立てるときには以下に気をつけてみてください。

①最初に立てた計画を半分に減らす

最初から無理な計画を立ててはいけません。かなり少なめに計画を立てておいて、「あれ、もう終わってしまった！」と気分よく毎日を過ごすと、楽しくなります。18日目にお話ししたように、「やるべきこと」の3つのカテゴリー（ABC）に分けたら、AとBにしぼって、Cは別の欄に書いておき、「もっとできるな」と思ったときに取り組むと、前向きな気持ちで進めることができます。

②「計画を立て直す」計画を入れておく

それでも計画というのは狂うもの。半分にしても狂うので、詰め込みすぎたときにどうなるかは、説明不要でしょう。「転ばぬ先の杖」で、あらかじめ計画を立て直す日を決めておきましょう。1週間では長すぎます。おすすめは、水曜日の帰宅後と、日曜日の朝。週の真ん中くらいで計画がズレ始めますし、日曜日の朝に計画を見直すと午後の時間を有意義に使うことができます。

③昨日の「借金」を返済する時間を入れておく

毎日、計画のズレを修正する時間を入れておくと、さらに安心です。おすすめは、帰宅してから晩ご飯までの時間を「借金返済タイム」とす

④無理な計画ではないか、誰かに見てもらう

これは意外と多くの人がしていないことです。自分で計画を立てると、詰め込みすぎてしまったり、逆に足りない計画になってしまったりします。そういう場合は、先生や先輩、友達など、客観的なアドバイスをくれる人に計画をチェックしてもらうようにしましょう。

⑤ダメな日を2日続けない

人間誰しも、1日サボってしまうことくらいはあります。でも、2日連続でサボってしまうと、そのままズルズルとサボり続けてしまいます。1日ダメな日があったとしても、「ダメな日は2日続けない！」と決めておきましょう。

以上5つのコツをご紹介しました。「本当にここまでしなきゃいけないの？」と思う人もいるかもしれません。実はこれらはすべて、私が学生のときに実際にしていたことなんです。

自分のことを「ダメ人間だ」と思う必要はありませんが、高く評価しすぎて計画を立ててしまうと、必ず「計画倒れ」してしまいます。すると、そのとき、理想の自分とのギャップに苦しんでしまうことになります。自分に期待しすぎると、つらいのは自分です。自分の心へのケアを大切にしながら、丁寧に計画を立てるようにしてみてくださいね。

「なるほどね。自分のこと、計画どおりに実行できないダメな人間だと思っていたけれど、計画の立て方が間違っていたのね」

「Yes！　シゲル、そのとおりだよ。ダメな人間なんて存在しない、って言うこともできるけれど、**人間みんなダメなんだ**、という考え方もできるんだ。その方が楽だったりしない？」

その方が楽、か……。たしかにそうかもしれない。自分の性格とかレベルに合わせて、勉強のやり方を変えなきゃいけないんだな。少しずつ、いままでうまくいかなかった理由がわかってきたかもしれない。

> **まとめ** 人間はそんなにすごくない。
> 計画は「狂う前提」で立てる。

25日目 「計画が狂った場合」を想定して計画を立てよう！

今日までに10ページ終わらせるはずだったのに…！まだ、8ページしか…！

① 「計画を立て直す日」をつくっておく

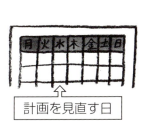

↑ 計画を見直す日

明日、スケジュールを練り直しだ！

② 「借金返済タイム」を作っておく

テレビを見ないで挽回するぞ！

落ち込むからね

無理な計画を立てて、自分を追い詰めないようにすることも大事だよ！

mission 4　定期テストで結果を出せるようになれ

26日目 出題者との「対話」を繰り返す

「今日はマナブさんになにを教えてもらえるんだろう」
　学校からの帰り道、僕は少し速歩きになっていた。その速さに気づきながら、僕はふと思った。勉強って、こんなに楽しかったっけ？　誰かと一緒だと、こんなにも楽しくやれるものなのか。
　そういえば、部活を続けられるのも、仲間やコーチがいるからだ。自主練だけで続けられる人なんてほとんどいない。人間って、一人じゃなんにもできないんだな。サッカー部の鬼コーチが、急に「いい人」に思えてきた。
「シゲル、問題集は１回目終わった？」
「うん。いま２回目で、間違えた問題を解き直しているよ」
「いいペースだな。７日前までに１回目、３日前までに２回目、２日前までに３回目をするんだ」
「じゃあ僕は明後日までに２回目を終わらせればいいのか。そういえばさ、マナブさん、これから毎日メッセージ書いてよ」
「メッセージ？」
「うん、名言みたいなやつ。テストまでの５日間。その言葉を見ながら、最後までがんばろうと思う」
　マナブさんはふざけようとしたけれど、僕は目でそれを制した。
「いいけど……高いぜ？」
「いくら？」
「１枚30円」
　安っ……。
「名言、名言」とつぶやきながら、マナブさんは大きな字で書き始め

> 「足の速いやつがモテる」
> いやいや、そうじゃなくて。それって「小学生あるある」だろ……。

　テスト直前期は、勉強内容が微妙に変わってきます。普段の勉強ではそれほど意識していなかったことを、強く意識していく必要があります。

　それは、「戦略」と「集中力」（30日目参照）です。今日は前者の「戦略」について話します。

　そもそも、戦略はなんのために立てるかといえば、エネルギーをムダにしないためです。どんなにエネルギーを費やしても、それが成果とは別なところにかかっていたら、意味がありません。

　テストにおける戦略のポイントは2つです。それは、**「テスト当日」**に**「最高点を出す」**ための方法を考える、ということです。

　以下、説明していきましょう。まず、ここを意識していない人が多いのですが、テストは、当日に力が出せなければ意味がありません。「ピアノの発表会」などと同じで、「決められた瞬間にどれだけの力を出せるか」が問われているのです。「このときにテストがあるよ」と言われているのですから、それに合わせて対策をすればよいのです。

　では、テスト当日にピークを持っていくにはどうしたらよいのでしょうか。おすすめは、この手順です。

【7日前まで】抜けを作らず、基本的な問題を1回解ききる＋間違い直し

　最初から難しい問題に手を出してはいけません。まずは、全範囲を一周することを目指しましょう。苦手な分野を作らず、基本問題であればどれでもできるようにしてください。

【3日前まで】2回目＋応用問題に挑戦

　基本問題が一通りできるようになったら、応用問題に挑戦してくださ

い。ここでも、まずは一通り手をつけること。間違い直しはなるべくその日のうちに。どうしても解けない問題は、印だけつけておきます。

【2日前まで】取捨選択と間違い直し

ここに来て、取捨選択をします。テストは合計点で競(きそ)うものです。時間がなくなってきたら、できそうもない問題は「捨てる」勇気も必要です。捨てる一方で「必ずこれは取る！」という問題を分けておきましょう。そこを「前日と当日」に見直します。その問題には、緑色のような、普段使わない色で問題番号に丸をつけておくとよいでしょう。

【テスト当日】早めに学校に行き、間違い直しと最終確認

当日の試験直前ラスト1秒まで、成績は伸びていきます。あくまで最終確認ですが、私の感覚でいえば、当日の努力で5点〜10点は変わってくると思っています。

最後に、お伝えしておきたいことがあります。それは、**「試験範囲」を繰り返し読み直すことが大事**ということです。出題者（学校の先生など）の顔を思い浮かべながら、「先生はどこを強調していたか」「なにをしろと言っていたか」を思い出してください。テストは先生からのメッセージです。出題者との「対話」を繰り返すことこそが、テスト対策なのです。

受験など、範囲が明確でないテストの場合は、**過去問に立ち戻り、「出題傾向」を確認し続けてください**。出題者は、受験生を「苦しめよう」としているわけではなく、明確にメッセージを打ち出しているはずです。それを必死になって想像すれば、きっと高得点を取ることができます。

テスト当日にピークを持っていく、なんて発想はどこにもなかった。でも、いつテストがあるか、わかっているんだもんな。そういう意味ではテストってフェアなのかもしれない。僕はマナブさんが帰り際に書いてくれた名言を見ながら、そう思った。

【テストは逃げない。逃げるのは自分！】

> まとめ テスト直前は戦略的に。

26日目　テスト当日にピークを持っていくやり方

7日前まで	基本的な問題を解き、苦手分野をなくす
3日前まで	応用問題に挑戦
2日前まで	「できそうにない問題」を捨て、「必ず取れる問題」を再確認
テスト当日	試験範囲を繰り返し読み直す！

必ず取れる問題は取りこぼさないぞ！

やった分は確実に点が取れるように、戦略を立て進めよう！

mission 4　定期テストで結果を出せるようになれ

土曜日
27日目 勉強のストレスは勉強で解消する

　とうとう試験まであとわずか。今日は土曜日で、授業は午前中だけ。放課後にちょこっと図書館に寄ってみた。夏の図書館は冷房が効いていて、気持ちがいいからだ。でも、図書館を出たら、太陽が高くのぼり、直射日光が攻撃してくる。その光の力強さに、「僕は何か悪いことでもしたのか！」とイライラしてくる。
「ねぇ、ストレス解消法ってないかな？」
「ストレス解消法……!?」
「うん、テスト勉強に疲れちゃって。カラオケでもしたい気分だよ！ダメかな？」
「プハハッ！　カラオケ？　カラオケって、あのカラオケ？　お前ギャグセン高いなー！」
　マナブさんはいつものように、椅子から転がり落ちて、笑い始めた。
「勉強のストレスで、カラオケって!!　勉強のストレスでカラオケって!!!!」
　手足をバタバタさせて、涙を流しそうになっていた。ギャグセンってギャグセンスのことだ。どうしてマナブさんがそんなに笑っているのかが僕にはサッパリわからなかった。
「だって、考えてみろよ。シゲルの髪が伸びたとする。真夏のこの時期に、すんごく、すんごく伸びたとする。地面につくくらい。どう？　ストレスたまらない？」
「地面につくくらい!?　ストレスたまるよ！」
　そんなに髪が長かったら、体育のときにどれだけ汗をかくのか、そしてどれだけ邪魔なのかを想像しただけで、僕はイライラしてしまった。

「ストレスたまるからって、カラオケ行く？ 大声でシャウトして、発散する？」
「いや、髪切る」
「だよな。勉強しろ」
　僕は返す言葉がなかった。

　よくある話ですが、テスト直前のストレスを、テストから「逃げる」ことで解消しようとする人がいます。たとえば、部屋の片づけを始めてしまったり、ゲームをしたり漫画を読んだり……。

　でも、それは逆効果です。なぜならば、そのストレスは「テストへの不安」から来ているからです。

　不安というものは、犬と同じで、逃げれば逃げるほど追いかけてきます。向き合って頭をなでてあげれば、こちらが主導権を握ることができます。テスト直前にその不安から逃げて、勉強以外でストレスを解消しようとすることは、問題（不安に包まれていること）の解決（それを解消すること）を先延ばしにしているだけ。**勉強のストレスは勉強で解消するしかない**のです。

　ただ、どうしてもイライラしてしまう人は、身体を動かすことと、勉強をセットにするとよいでしょう。

　どういうことか、説明していきます。脳には「側坐核」という部分があります。そこは身体を動かすことで、刺激が与えられます。すると自然と興奮状態になってきて、やる気が勝手に出てくるのです。

　これは、テスト本番でも有効です。**テストの直前に、身体を動かすような勉強をしてみてください**。たとえば、単語や用語を書きなぐったり、音読や、勢いをつけた計算練習など。そうすれば、目が覚めてきて「集中モード」に頭が変わってきますよ（実際、私も東大入試の数学の直前に「2桁×2桁」の計算問題を自分で作って解きまくっていまし

た。おかげで試験開始から頭が冴えていました)。

　そして、休み時間もこの原理を活用してください。なにをするかといえば、校舎を歩いたり、グーーーッと「伸び」をしたりするのです。そうすると、気分転換ができるだけでなく、ガクンと集中が途切れずに、静かな緊張感を維持することができます。

　ちなみに、現在、私はこれを仕事に役立たせています。たとえば、午後イチの眠い時間帯には、ダダダーッと勢いよくメールの返信をしたり、マシンになったような気分で事務作業を終わらせたり。そうすると自然と目が覚めてきて、気分が乗ってきます。

　ところで、少し話がずれますが、先ほど「単語や用語を書きなぐる」と書いたので補足をしたいと思います。その「書きなぐった紙」ですが、多くの人は捨ててしまうようです。でも、この紙、実は「宝」なんです。だって、自分が「覚えたい！」と思った単語や用語が書いてあるわけですよね。そこにたくさん書いてあれば、それだけ「覚えにくい！」ということが一目瞭然です。

　おすすめとしては、その紙を折りたたんでポケットに入れておくこと。そして、電車の待ち時間などのちょっとしたスキマ時間に開いて、覚えること。もし、それを忘れていたとしても、お風呂に入るときにはポケットから出すわけですから、そのときに覚えてしまいましょう。もちろん覚えたら捨ててしまって構いません。それをファイルに入れて保管、みたいにしていくと、キリがありませんからね……。

　話し終わったマナブさんは、紙に勢いよく筆を走らせた。今日の名言は……？

【やらなきゃ終わらない】

　深いのか浅いのかわからないけれど、たぶん深い！　うん、深い！　スッキリした表情のマナブさんを見ながら、僕はそう思い込んだ。

> **まとめ** やると決めたことは、絶対にやる！

27日目　力ずくでやる気を出すなら、身体を使え！

側坐核

身体を動かすと刺激が与えられ、 やる気 が出てくる！

- 音読する
- 単語を書きなぐる
- 単純な計算問題をやりまくる
　　　　　　　…など

➡ 身体を使っていると、いつの間にか やる気 が出てくる！

やる気のあるなしにかかわらず、マシンになったつもりでやってみて！

日曜日
28日目 場所を変えてみる

　今日は日曜日。試験まであと３日。基本問題はひととおりやったので、応用問題にチャレンジ。１か月前までの僕だったら、応用問題なんて全然手がつけられなかったな。いまの僕は、基本問題のようにサクサクとはいかないけれど、少し考えれば解けるぞ。すごい進歩だ。

　ふう。時計を見ると12時。勉強を始めてから、２時間が経過していた。

「シゲル、ご飯よ～！」

　となりの部屋から母さんの声がする。匂いから想像するに、お昼はカレーだ。

「いま行くよ～」

　ガチャリと扉を開けたら、目を疑った。マナブさんが座っていたのだ。

「なんで……？」

「シゲル、甲子園には魔物が住んでいるっていうけれど、日曜の午後にも魔物が住んでいるんだ」

「はぁ……？」

「日曜の午後は、絶対に、眠くなる」

　マナブさんはそこにあった母さんのひざ掛けを頭からすっぽりとかぶり、サッカーボールに手をかざして言った。

「見えます、見えます。あなたの未来が……」

134

テスト直前なので、今週の反省は簡単に済ませたいと思います。今週の復習法は「フレーズをヒントに白紙再現をする」というものです。
　やることはとてもシンプル。1枚の白紙を出してください。今週は以下の6つを扱いましたので、この6つについて思い出せることを書き出してみてください。

22日目：生活しているだけで暗記できる「勉強テーマパーク」を作る
23日目：「ケアレスミス」と言わない
24日目：ラブレターに応えるように、テストを解く
25日目：心に優しい計画を立てる
26日目：出題者との「対話」を繰り返す
27日目：勉強のストレスは勉強で解消する

　そして、手が止まったら該当（がいとう）ページを見て、見直してから書き直してください。そのとき、「写す」のだけは禁止です。「写す」ことが目的となり、「写す」ことを終えたら満足してしまうからです。つまり、思考停止してしまう、ということです。必ず頭に入れてから、何も見ずに書いてくださいね！

　話は変わりますが、先ほど、マナブくんが「日曜の午後は、絶対に、眠くなる」と断言していましたが、それについて触れておきましょう。
　テスト前には、日曜日の午前も午後も勉強することがあると思います。その場合は、食後に気をつけましょう。食べたものを消化するために、血液が胃腸にまわされ、脳の血液の循環が悪くなるからです。
　こういう場合、勉強する環境を変えてみるのがいいでしょう。私の高校時代の友達は、「電車の中は冷房も効いていて、最高の自習室だ」と言って、フリー切符を買って、山手線を何周もしながら電車の中で勉強していました。明らかに変人の部類に入ると思いますが（笑）、彼は東

大の法学部（文科Ⅰ類）に現役で合格していました。

　学校でも体育でグラウンドに行ったり、移動教室があったりと、知らず知らずのうちに移動をしています。学生の方であればそれに慣れているので、自分の部屋でずっと勉強していると眠くなってしまうはず。図書館でも、公園でも、カフェでも、どこでも構いませんので、眠くなる前にどこかに移動してしまうのがおすすめです。

　ちなみに、「食べすぎない」というのも眠くならないためのコツだということも忘れずに……。

　頭を使うとお腹がすくので、ついつい食べすぎてしまう人が多いのですが、「腹八分目」という心がけ1つで、午後の勉強に集中できるようになりますよ！

　「場所を変えて勉強するぞ」と、今日はマナブさんに、ありとあらゆる場所に連れていかれた。

　空き地。バス停のベンチ。街路樹（がいろじゅ）の木陰（こかげ）。公衆トイレの個室は臭すぎてすぐに出てきたけれど、眠気は一気に吹っ飛んだ……。極端なマナブさんについていくのは疲れる！

　でも、期末テストまであと3日。ラストスパート、がんばろう。もう僕は、昔の僕じゃない。

【勉強は「自分の力で」楽しくする！】

> **まとめ** 眠くなる前に、外に出よう。

28日目　フレーズから記憶を引き出せ!

①習ったことについて、思い出せることを書き出す

「覚えてるつもり」だけど「覚えていない」ことがはっきりする

②手が止まったら、テキストを見て書く

> テキストを見た後も、必ず頭に入れてから、なにも見ずに書くことが大事!

mission 4 定期テストで結果を出せるようになれ

コラム
ノートは誰のもの？

　本書でノートの作り方について解説をしましたが、このコラムではノートについてお話ししたいと思います。

　先日、作家・山崎豊子（やまさきとよこ）さんの展覧会にお邪魔してきました。「追悼（ついとう）　山崎豊子展　〜不屈の取材、情熱の作家人生〜」というもので、東京・日本橋の髙島屋で開かれていました。
　ご存じ（ぞん）の方も多いと思いますが、山崎豊子さんは『華麗なる一族』『白い巨塔』などを書かれた、直木賞作家です。2013年に亡くなられたのですが、三回忌に開催されたこの展覧会では、山崎さんの人生を紹介したり、愛用品を展示したりしていました。
　その数多くの展示の中で、「人だまり」ができていたものがありました。会場のみなさんが、群れになっていたのです。みなさん、なんだと思いますでしょうか？
　実は、それは、山崎さんのノートです。小説を書かれるにあたって作っておられた「制作ノート」や、昔つけておられた「日記」などを前にして、明らかにみなさんの目が違っていたのでした。
　もちろん、私もその一人です。なんだかその人の秘密をこっそりのぞきこむような感じがして、ドキドキしてしまいました。それは、罪悪感にも似た、あまりにも特別な感情でした。こんなに胸がおどってよいものか、と驚いてしまったほどです。おそらく、他のみなさんも同じ感情を持たれたことと思います。
　では、この感情は、いったい全体どうして起こったのでしょうか。
　それは、私達が知識や知恵を、それを持つ人の「私物」だ、と考えているからです。ノートには（板書をただ丸写ししたものでなければ）、その人の知識や知恵がたくさん入っています。一言で表現すれば、その人の「頭の中」なのですね。

私達は、それらの知識はノートを書いた人の「私有物」だと考え、勝手にのぞきこんでしまうのは「悪いことだ」と思っているのです。

　もちろん、それは間違っている、と言うつもりはありません。その人に許可なく、その人が書いたものや作ったものを盗んで使うこと（よく「コピペ」が問題になっていますよね）はいけないことです。インターネット中心の現代社会では、著作権というものが軽視されがちになっていますが、著作権はきちんと尊重されなければなりません。

　ただ、許可なく使うのはいけないにしても、これからの時代、知識の一部は「私物」から「共有物」へと変わろうとしています。

　フリーの百科事典である「Wikipedia（ウィキペディア）」をイメージしてもらえれば、おわかりだと思います。「Wikipedia」はみんなで作って、常に共有・更新しています。あらゆる人の知を集結させようとしており、いままでの知のあり方を覆しているといえるでしょう。

　私の恩師でもある、東京大学の田中智志教授は『キーワード　現代の教育学』（東京大学出版会）という本の中で、「学校における知識は私有財（≒私物）と見なされがちで、それが共有財（≒共有物）と見なされるときに人と人をつなぐことができる」と述べています。

　これからの時代で求められる力は、知識を「私物」として自分の頭だけで考える力ではなく、知識を「共有物」としてみんなで力を合わせて問題を解決していく力です。学校の特性上、ノートは一人で作らなければならないと思いますが、一人ひとりが作り上げたノートは、ぜひとも、みんなで交換・共有してもらいたいと思います。

　そして、お互いに教え合って、さらには「どうすればもっと効果的に勉強ができるか」を話し合ってもらいたいのです。

　普段のテスト勉強は「問題解決型」ではないかもしれませんが、「みんなで学力を上げる」という共通の目標に向かって、どんどん知を交換してみてください。きっと、一人で勉強するよりも刺激的で、楽しくな

るはずです。

　ちなみに、実は、「消える化」ノートや「テスト化」ノートも、私一人で考えたものではありません。周りの人にヒントをもらって、友達と協力して、一緒に作ったものです。
　私がこの本にまとめ、みなさんと共有したアイデアを活用して、みなさんご自身が勉強を楽しく探求してくれることを、心から願っています。

mission 5

勉強から逃げるな。
勉強を楽しめ！

「最後まであきらめるな。自分を信じろよ」

月曜日
29日目 「知的な場所」に行ってみる

　それにしても、マナブさんはどうしてこんなに「勉強法」に詳しいんだ？
　授業の終わった教室で、僕はぼんやり考えていた。
　マナブさんは超有名進学校にでも通っているんだろうか。放課後毎日僕の部屋に来ているけれど、それ以外の時間をどうやって過ごしているのかな。マナブさんは僕のことをやたら知っているのに、僕はマナブさんのことをまったくと言っていいほど知らない。
　試験まであと2日。焦る気持ちはあるけれど、気になりだすと止まらなくなってきた。マナブさんに聞いたところで、意味不明の答えが返ってくるだけだろうし……。そして、1つの作戦を思いついた。
　ちょっと、マナブさんを尾行してみよう……。

　　　　　　　＊　　　　　　＊　　　　　　＊

「ほいじゃ、また明日な。気を抜くなよ！」
「うん、じゃあね！　また明日！」と笑顔で言いそうになって、焦った。いつもと違うことをすると、怪しまれるからな。普段どおり、誇らし気に帰るマナブさんを玄関まで送り、軽く手を振った。あぶない、あぶない。
　こっそりとドアを開けて様子を見ると、マナブさんは家には帰らず、どこかへ出かけるようだ。足音のしなそうなスニーカーを履き、そろそろっと廊下に出る。こういうとき、マナブさんは絶対に僕に気がつかない。それだけは自信がある。
　なぜならば、マナブさんは一人で歩いているとき、必ず演歌を独唱しているからだ。小刻みに身体を揺らしながら、リズミカルに歩く。「へ

イヘイホー！」って、それなんの歌だよ。そしてなぜか、サビに入る直前に一度立ち止まる。そこで追い抜かさないように気をつけないと。
　マンションを出て、北へ、北へ。いったいどこに向かうんだろう。
　20分ほど歩いただろうか。
「え？　まじ？」
　僕は目を疑った。
　マナブさんは、堂々と、ランドセルを背負いながら、大学へと入っていった。守衛さんに止められるだろう、と思ったが、マナブさんは「ういっす」と右手を軽く上げ、颯爽と通り過ぎていった。僕は守衛さんが時計を見た瞬間を狙って、そっと門をくぐった。

　門をくぐって目の前の建物に、マナブさんは入った。「教育学部」という文字が見える。もう、なにがなんだか、わからない。マナブさんは、校舎に入ってすぐのラウンジに入った。大学は講義が終わったみたいで、数人のグループが話しているだけだ。他に誰もいないからか、大きな声で議論している。
「昨日の続きだけれどさ、ノートってみんなどう書いてるのかな？」
「俺は『消える化ノート術』と『テスト化ノート術』が中心だったからな。ほかのノート術を調査してみようか」
　大学生グループは、勉強法について話をしているみたいだ。
　マナブさんはその様子を、柱の陰から眺めている。盗み見るように、こっそりと。明らかに怪しい。なにをしているんだ、こいつは。
　盗み見るマナブさんを、僕は盗み見ていた。5分くらい経過して、大学生グループの一人が、立ち上がった。
「おい！　お前！」
　僕はビクッとした。大学生は、マナブさんに近づいていった。やばい、マナブさんが絡まれる。殴られたりするんだろうか。そのときは、僕、どうしたらいいの？　止めに行く？　大声出す？　警察呼ぶ？　ど

mission 5　勉強から逃げるな。勉強を楽しめ！

うしたらいいんだ！
「また来たのか！　メガネ小学生！」
　え？
　時が止まった気がする。大学生は、マナブさんを知っている。いったい全体、どういうことなの？
「あー！　すみません！　ごめんなさい。ごめんなさい」
　いままで聞いたことがない、蚊の鳴くような声を上げ、マナブさんは怯えていた。
「お前さ、毎日来るのやめろって。小学生は小学生と遊びなさいよ」
「まぁまぁ、そのへんにしておこうよ」
　他の大学生が止めに入る。
「おい、そうやって甘やかすから、この子は毎日来ちゃうんだって」
　ここに、毎日来ているのか……？　部屋に貼ってあるポスターを見ると、「教育実践研究会」って書いてある。マナブさん、偉そうなこと言っていたけれど、大学生のノウハウを盗んでいたのか……！

「なにが天才だよ……」
　帰り道、僕はそうつぶやいた。
　散々バカにされ続けたからな。なんかだまされていた気分。これから、どうする？
　でも……。不思議と怒りは湧いてこなかった。実際、マナブさんのおかげでちょっとずつ勉強が楽しくなってきていたからだ。
　見なかったことにしよう、と僕は思った。

　ただ、今日は収穫があった気がする。偶然大学に入ったけれど、その空気がかっこよくて憧れの気持ちが出てきたからだ。
　歴史を感じる校舎。まじめそうな大学生。部活やサークルの立て看板。講演会のポスター。きれいで整然とした雰囲気、というのではな

く、いろんなものがゴチャゴチャと集まった、雑多な感じ。

　僕はまだ、大学のことなんて考えていなかったけれど、漠然と「大学には行きたい」と思っていた。大学ってこんな場所だったんだな。

　気分が落ち込んだとき、この空気を吸うために、また来よう。

「よし」

　帰り道、僕は速足になって、家に着いた。普段ならリビングでゆっくりするところを、そのまま部屋に入って学校のノートを開いた。

　さぁ、勉強しよう。なんか今日はできる気がする。

【昨日の自分を超えろ！】

> まとめ　大学の「空気」を吸ってみる。

mission 5　勉強から逃げるな。勉強を楽しめ！

火曜日

30日目 困ったときの「努力」頼み

　朝、いつもどおり7時30分に登校したら、いままで4人だったところが、8人くらいに増えていた。なんだよ、みんなテスト直前には朝早く来て勉強していたのかよ。そんなの知らなかったよ……。でも、朝のホームルームが終わったら、何人かが騒いでいた。
「期末、明日だよ！　ありえない！」
「まじかよー、なにもしてない！　終わったぁぁぁ……」
　マナブさんと出会ってなかったら、確実に僕はあの仲間に加わっていた気がする。あぁ、もう明日か……。不意に緊張感が増してくる。
「マナブさん、やばいよ、時間ないよ……」
　家に帰るとすぐに、僕はマナブさんに泣きついていた。ここで失敗したら、がんばった日々がムダになる。サッカー部にも戻れないし、スマホも返してもらえない。母さんにアゴで使われるのはもうコリゴリだ。あぁ、猛烈に焦ってきた……。
「今夜は寝ずにがんばるか……」
　僕がそう言うと、マナブさんは、急に立ち上がってベッドに飛び乗り、枕を僕の顔に投げつけた。「そば殻」の枕はドサッときた。枕なんて投げられたの、修学旅行以来だ。
「バカ!!　睡眠時間だけは削っちゃダメ！　**枕は記憶を定着させる第二の家庭教師だろ！**」
　あ、そうだ……。人は寝ている間に記憶を定着させるんだった。家庭教師であれば、先生を投げつけてよいものか……。しかも「第二の」って、ちゃっかり自分をカウントしているところがマナブさんらしい。
「シゲル、困ったときはなにに頼めばいい？」

「んー、神、かな。困ったときの神頼み、って言うじゃない」
「うん、ダメだ。全然ダメ。仕方ない。最後にいいこと、教えちゃおうかな」
　そう言って、マナブさんは静かに、階段の絵を描き始めた。

　ちょっと大きな話にはなりますが、人生には、がんばらなければならないとき、というのが必ず存在すると思います。

　勉強であれば、それは間違いなく、テスト直前です。テスト勉強は短距離ダッシュの力を鍛えるいい機会だ、と思ってもらえればと思います。

　短距離ダッシュは、短い期間の努力ですので、間違ったことをしている時間はありません。その時間の質を高めるための「集中力」が必要になってきます。その「集中力」を発揮するためには、「腹をくくる」ということが必要になります。どう「腹をくくる」のかといえば、周りがビックリするような努力をすることです。

　努力を四段の階段で表してみましょう。

　一段目は、「怒られる」状態。たとえば、「勉強しなさい」「また遊んでいるの？」とお母さんに怒られる。これが努力の一段目です。つまり、周りの期待に応えていない状態です。

　二段目は、「なにも言われない」状態。これは、周りの期待と同じくらいの状態です。

　三段目は、「ほめられる」状態。「よくがんばっているね」とか「偉いね」とか言われるとき、それは、周りの期待を上回って応えている状態です。

　多くの人はこの三段目が最上階だと思います。でも、実は違うのです。この上にもう一段あるのです。

　四段目は、「止められる」状態。相手の想像を超えた努力をする場合、

mission 5　勉強から逃げるな。勉強を楽しめ！

「これ以上やったら身体(からだ)壊すよ」「いい加減、勉強するのやめなさい」と言われるようになります。これが「止められる」状態です。これは長期でやることはできません。あくまで、短距離ダッシュなのです。

できれば、**せっかくテスト勉強をするのですから、テスト直前くらいは周りに「止められる」くらいの努力をしてみてもらいたいと思います。** 困ったときに頼めるのは「努力」のみです。私はその状態を「沸騰(ふっとう)している」と言っていますが、グツグツ沸騰したヤカンが外から見てわかるように、頭のフタが揺れていて、湯気が出ているように見えるのです。

でも、絶対に睡眠時間は削ってはいけません。睡眠時間を削るのは、休まずにダッシュを続けるようなものです。寝ている間に記憶は整理されますので、睡眠時間は削らず、集中力を発揮して、沸騰してください。

そして、おすすめは、「やらないことリスト」を作ること。たとえば、テスト前であれば、<u>「携帯を部屋に持ち込まない」「テレビを見ない」「寄り道をしない」「昼寝をしない」「朝寝坊をしない」</u>などです。

これに加えて、おそらく多くの人の時間を奪っている携帯・スマホ・パソコンについて、私自身のアイデアをご紹介します。それは、数日前から充電しない、というもの。使えば使うほど、電池が消耗(しょうもう)してしまうので、なるべく触らないようにしよう、という気分に自然となってきます。スマホを取り上げられたシゲルくんは、その分時間を稼(かせ)げたともいえます。

私としては珍しく精神論を語ってしまいましたが、テスト勉強と思わず人生と思って、大切な時間をがんばってもらえたら嬉しいです。

説明を終えたマナブさんは、手で隠しながら、なにかを書いていた。
「マナブさん、なにを書いているの?」
マナブさんの字は、筆圧が強い。体重を乗せて書いているのだけは伝

わってくる。

「はい、これ明日の朝、読めよ」

　そう言ってマナブさんは、僕に手渡した。目が、本気だった。最後のメッセージは、なんだろう。

まとめ　腹をくくろう。

30日目　テスト直前は「やらないことリスト」を作ろう！

テレビを見ない！

朝寝坊しない！

携帯を部屋に持ち込まない！

やると決めたからには、自分でもびっくりするぐらいがんばってみようぜ！

mission 5　勉強から逃げるな。勉強を楽しめ！

試験当日　最後の1秒まで手を止めない。自分を信じる

　僕は、決めていたことがある。それは、試験当日は誰よりも早く教室に入ろう、ということだ。いつもは目覚ましがジリジリと鳴ってから起きるのだけど、今日はなぜか目覚ましが鳴る5分前に目が覚めた。

　朝、6時30分。ジュンとナオキが7時くらいに来ることはわかっていたから、この時間に行くと決めた。

　8時までの1時間半。誰も見ていないけれど、誰かに止められるくらいの努力を見せてやる。まずは、目が覚めるように、音読。そして書きなぐり。側坐核、側坐核……。勉強のウォーミングアップだ。よし、次は間違い直し……。

　自然と手が止まらない。よし、解き終わった。時計を見ると7時30分。隣にはナオキも来ていた。僕、気づかなかったのか。それくらい集中できていた自分が誇らしく思えた。

　最後にやるべきことは、すべてのノートやプリントに目をとおすこと。「目で解く復習」だ。テスト前は「間違えた問題」だけではなく、すべての問題に目をとおすとよいことは、何度かの小テストでもう身体に染みついている。

　時間が経って、ホームルームが終わり、先生が大きな声を張り上げた。

　「はい、それじゃ筆記用具以外はカバンにしまって。机の中はダメだぞー！」

　その声を聞いた瞬間、僕は思い出した。

　そうだ。マナブさんの紙、見なきゃ……。

　急いでポケットを探る。その紙は、すぐに手に当たった。

机の下で、こっそりその紙を広げた。すると、マナブさんの元気な字で、こう書いてあった。

【いままでよくやった！　シゲルなら、できる!!!!!!】

　マナブさん……。
　僕は泣きそうになった。
　「よくやった」、か……。僕は、マナブさんに、初めて本当にほめられた気がする。ほめているところのマナブさんを想像しようとしたけれど、できなかった。そんな顔、見たことないからだ。
　試験問題が配られている間、僕はマナブさんと出会った日のことを思い出していた。母さんに「部活停止」って言われて、マンションの廊下で話しかけられたっけ。
　「お前、このままだと、一生、部活できないよ」
　「お前、今日から変われ。このままだと、このままだぞ」
　「お前は、変われる……」
　マナブさん、僕、変われたよ。それを証明してみせる。やってみるよ。
　僕はシャープペンシルを、いつもより強く握った。
　そして、マナブさんに教えてもらった「試験本番の心得」を、実践してみた。

1. 試験は「始め」と言われてすぐに始めてはいけない。深呼吸を3回してから解き始めること
2. 時間をムダにしてもいいから、最初に時間配分を決めること。最後に見直す時間を5分作ること
3. 解ける問題から解いていく。解けない問題はすぐに飛ばすこと
4. 最後の1秒まで手を止めないこと
5. 自分を信じること

mission 5　勉強から逃げるな。勉強を楽しめ！

151

「はい、やめ！」チャイムと同時に先生の声が耳に入った。
　　　　　　＊　　　　　　＊　　　　　　＊
　２日間にわたる期末テストは自分でもびっくりするくらい、できたと思う。全然解けなかったり、自信が持てない問題は１割もなかったし、最後の５分できっちり見直しをしたから、ケアレスミスも防げているはずだ。
　これは、赤点脱出どころじゃない。テストってこんなに楽しいのか‼
　僕は嬉しくなった。早く家に帰って、マナブさんに報告しよう！
　走って家に帰った。
「ただいま！」
　勢いよくドアを開けた。
「マナブさん！」
　いつもいるはずのマナブさんが今日はいなかった。僕の部屋が、いつもよりずっと広く感じた。僕はリビングまで走った。
「母さん、マナブさんは？」
「マナブくん？　あら、引っ越したわよ」
「え⁉　また⁉」
「そうよ、マナブくんとこ、お家のリフォームが終わるまでの仮住まいだったのよ。知らなかった？」
　僕は頭の中が真っ白になった。そうだったのか……。マナブさん、なんで教えてくれなかったんだよ！
「おもしろい子だったわね。来てもらって正解だったわ」
「え？　母さんが呼んだの？」
「そうよー。あんたがあまりにも勉強しないから、家庭教師でも頼まなきゃダメかしら、って思ってたんだけど、マナブくんのお母さんに『うちの子、《勉強法》だけは詳しいのよ』って聞いて。あの子、『勉強法マニア』なんですって。変わってるわよねぇ……。お友達もいないみたいだし、うちに来てもらったらいいかもって。うふふ」

「え?」
「おもしろい子だったのに、また引っ越しちゃって、残念ねぇ……。あ、そうそう、シゲル」
　僕は母さんの声が頭に入らなかった。
「この1か月、よくがんばったわね。これ、母さんから」
　目の前にサッカーショップの袋が現れた。それを見て、僕は現実に引き戻された。紐をほどき、袋を開けると、新しいスパイクが入っていた。
「えっ?　母さん、これなに?」
「シゲルががんばっている姿を見て、母さん元気出ちゃった。テスト結果、まだ見てないけれど、あなた、この1か月ですっかり変わったもんね。明日から部活がんばってね。はい、あとスマホも返すわ」

　なにがなんだかわからないまま、僕は部屋に戻った。ようやくスマホが戻ってきたけれど、もうゲームをする気は起きなかった。疲れがドッと押し寄せてきて、気がついたら僕は眠りについていた。
　　　　　　　＊　　　　＊　　　　＊
　次の日の朝、まだ心に穴があいているような状態で、フラフラと学校に行った。今日から久々の朝練だ。シャキッとしないと。
「おー、シゲル！　待ってたよ！」
　仲間の声に、泣きそうになってしまった。
　久しぶりの部活で、練習がいままでよりもきつく感じられた。でも、できるだけで幸せだ。
　午後の授業では、もう答案が返却された。
　結果は、1か月前の赤点のオンパレードが嘘のようだった。
　英語89点、数学79点、国語81点、社会86点、理科82点……。
　先生には笑いながら「ナオキの答案見たのか?」なんて冗談にもならないことを言われたのが、逆に嬉しかった。

mission 5　勉強から逃げるな。勉強を楽しめ！

153

真っ先にマナブさんに報告したかったけれど、もうマナブさんはいない。
　放課後のサッカー部の練習を終えて、いつもの帰り道が、少し違って見えた。いままでは、帰り道は「マナブさんに会うまでの時間」だった。でも、もうマナブさんはいない。ガソリンスタンドの前。駐車場。空き地。連れていかれた公衆トイレ……。
　短い時間だったけれど、この町にはマナブさんの思い出がいっぱいになっていた。あまりに、寂しい。こんなにすぐにいなくなるんだったら、もっといろいろ習えばよかった。
　顔を上げると、真っ赤な夕焼けの中、カラスの群れが飛んでいた。それを眺めていると、涙が止まらなくなった。
　楽しかったな……。マナブさん、ありがとう。君はずっと、僕の心の中にいるよ……。

　すると、突然、奇声が聞こえた。
「ギヤァァァァァァァ！」
「待ちなさいマナブ！　逃げるな!!!!!」
「ママ、ごめんなさいいいいいいい」
　僕は目が飛び出そうになるほど、驚いた。マナブさんだ！　マナブさんだよ!!!!
　気づけば僕は走り出していた。夢中になって、マナブさんたちのところに、一目散に走った。

「あれ？　シゲル！　なんでいるの!?」
「マナブ！　中学生のお兄さんに向かって呼び捨て!?」
　ママと呼ばれた人が、ポカッと頭をはたく。
「君、マナブのお友達のシゲルくんだよね？　こんにちは、マナブの母

です。いつもおじゃまさせてもらってありがとうね。見て、この子のテスト！　この子、『勉強法』ばっかり学んでて、自分の勉強は全然やってないのよ！」

「だめぇぇぇぇぇ見ちゃだめぇぇぇぇぇぇ」

　お母さんが、マナブさんの答案をヒラヒラとちらつかせた。目に入った点数は、19点だった。え……？　マナブさん、成績いいんじゃなかったの……？

「マナブさん、勉強法の研究をしている人の真似をして、勉強した気になっていたの……？」

　僕がそう言ったら、マナブさんはこちらを見上げ、いつものにくたらしい顔に戻ってこう言った。

「言っただろう、マナブの語源は『まねる』だって」

あとがき

　この本は、勉強がキライな人のために書きました。
　途中から筆が乗ってきて、一気に書き上げることができましたが、書き始めたときは、「どんな本になるんだろう」と不安でいっぱいでした。なぜならば、いままでに書いたことのないタイプの本だからです。
　構成も独特です。内容も、ちょっと小説っぽい一面があります。
　そして、なんといっても強烈なキャラクター「マナブくん」がいます。
　このキャラクターを思いついたときは、「おもしろくなるか、メチャクチャにされるか、どちらかだな……」と思いました。前者であることを心から願っています。

　天才小学生「風」のマナブくんには大活躍してもらいましたが、彼をとおして伝えたかったことが、2つあります。
　1つ目は、作品中で何度も繰り返し強調したことではありますが、「学ぶことは真似ることだ」ということ。勉強でも研究でも仕事でも、新しいことを生み出すためには、圧倒的なインプットが必要になります（これは私が東大の大学院で恩師の田中智志先生に教えて頂いたことです）。
　人に対してでも真理に対してでも、「誰か」や「何か」に憧れて、それに近づこうとがんばっているうちに、気づいたら自分が独自の存在になっているもの。圧倒的なインプットなしにオンリーワンになることなんて、できないはずです。勉強も、まずは真似から始めてみることが大切だ、と私は信じています。

　そして、2つ目は、勉強法は知っているだけでは意味がない、ということ。最後に「19点」という衝撃的(?)な展開がありましたが、それを

強調するために、あえてこういう終わり方にしました。そういう意味でいえば、マナブくんには申し訳ないことをしたと思っています。プンスカと怒っている様子が目に浮かびますね！　この本を読んでくださった方の中で、「これは使えそう！」と思える方法がもしも見つかったら、ぜひとも今日から使ってみてください。勉強法は、使われるために存在しているのですから。

　書き始めは不安で始まった本作品ですが、書き終わりは少し寂しいものでした。
　というのも、マナブくんやシゲルくんに会えなくなるからです。書いているうちに、私の中ではあたかも実在しているかのように動きだしていました。脱稿するのがここまでつらい作品は初めてでした。
　……ということで、もし、この本が多くの人の手に届いて、そしてリクエストを頂くことができたら、第2弾を書いてみたいと妄想しています。みなさんのご要望、お待ちしております。

　本書を読んで、「本当に30日で成績は上がるの？」と不安に感じた方もいらっしゃるかもしれません。
　そんな方に私は断言します。上がります。必ず上がります。
　まずは信じてみてください。そして、多くの人のアドバイスに耳を傾け、毎日毎日「今日はこれをできるようにしよう」と丁寧に過ごしてみてください。そうすれば、「小さな奇跡」はたくさん起こります。
　成績は結局のところ、毎日の行動の集積です。行動がよくなれば、成績も必ずよくなっていきます。
　少しでも多くの方が、この本をきっかけとして「小さな奇跡」を体験し、「勉強って楽しいかも！」と感じてもらえるのであれば、この本を書いてよかったな、と心から思います。
　みなさん、行動あるのみです。

応援していますので、ぜひとも今日からなにかを始めてみてください。

　執筆をするにあたって、多くの方のご意見を頂きました。まずは、ＰＨＰ研究所の次重浩子さんです。『現役東大生がこっそりやっている〜』シリーズ２冊に続き、次重さんとご一緒させて頂くのは３冊目でしたが、どれも次重さんがいないとできなかった本ばかりです。こんな私ではありますが、いつも育ててくださり、ありがとうございます。
　また、作曲家の菅原直洋さん、東急不動産の五島順さんにもお世話になりました。これからもご指導お願い致します。
　そして、大胴時久、八尾直輝、長江政孝、渡邉健太郎、岸誠人、綿貫知哉、植村俊介、飯田淳一郎、佐藤大地、鈴木繁聡、西川博謙、椎葉直樹をはじめとするプラスティーの社員たち。みなさんのおかげで、いまのプラスティーがあります。
　ここには書ききれませんが、他にも多くの方々に多大なるご協力を頂きました。心より感謝申し上げます。

　最後まで読んでくださり、ありがとうございました。

千葉の実家で育ててくれた両親と２人の兄に感謝しながら。
2015年 秋

　　　　　　　　　　　　　　　　　　　　　　　　　　清水章弘

※「勉強のやり方」を教える塾・プラスティー東京校・京都校に関するお問い合わせ、本書のご感想や、取材・講演依頼は下記まで、お待ちしております。
株式会社プラスティー教育研究所
MAIL info@plus-t.jp
TEL 03-6280-7230
http://plus-t.jp/

〈著者略歴〉
清水章弘（しみず　あきひろ）
株式会社プラスティー教育研究所代表取締役。
1987年千葉県船橋市生まれ。海城中学・高校、東京大学教育学部を経て、東京大学大学院（教育学研究科）修士課程修了。海城中学・高校時代は生徒会長、サッカー部、応援団長、文化祭実行委員などを経験しながら東京大学に現役で合格。大学では体育会ホッケー部に所属し、週5日（1日5時間）練習するかたわら、20歳の時に、教育系ベンチャー企業・プラスティーを設立。自身の時間の使い方、学習法を体系化し、「勉強のやり方」を教える学習コーチ事業を展開中。若手起業家としても注目を集め、2009年、「NEXT ENTREPRENEUR 2009 AWARD」優秀賞を受賞し、日本武道館で1万人の前で表彰された。2012年より青森県三戸町教育委員会学習アドバイザーに就任、三戸の教育改革にも取り組んでいる。
著書は『勉強がキライなあなたへ』（高陵社書店）、『自分でも驚くほど成績が上がる勉強法』（実務教育出版）、『中学生からの勉強のやり方』（ディスカヴァー・トゥエンティワン）、『現役東大生がこっそりやっている、頭がよくなる勉強法』（PHP研究所）など。著書は海外でも翻訳されている。

装丁──根本佐知子（Art of NOISE）
絵──柴田ケイコ

30日で効果ばつぐん！「勉強ができるぼく」のつくりかた

2015年12月8日　第1版第1刷発行
2016年8月2日　第1版第5刷発行

著　　者	清水章弘
発行者	小林成彦
発行所	株式会社PHP研究所

　　　　　東京本部　〒135-8137　江東区豊洲5-6-52
　　　　　　　エンターテインメント出版部　☎03-3520-9616（編集）
　　　　　　　　　　　　　　　普及一部　☎03-3520-9630（販売）
　　　　　京都本部　〒601-8411　京都市南区西九条北ノ内町11
　　　　　　　PHP INTERFACE　http://www.php.co.jp/

組　　版	朝日メディアインターナショナル株式会社
印刷所	株式会社精興社
製本所	株式会社大進堂

© Akihiro Shimizu 2015 Printed in Japan　ISBN978-4-569-82688-2
※本書の無断複製（コピー・スキャン・デジタル化等）は著作権法で認められた場合を除き、禁じられています。また、本書を代行業者等に依頼してスキャンやデジタル化することは、いかなる場合でも認められておりません。
※落丁・乱丁本の場合は弊社制作管理部（☎03-3520-9626）へご連絡下さい。送料弊社負担にてお取り替えいたします。